30秒看世界

30秒认识运动

[英] 约翰·布鲁尔 著

[英] 汤姆·伍利 绘

[英] 杰西卡·希尔 顾问

王乃弘 译

中信出版集团 | 北京

图书在版编目（CIP）数据

30秒认识运动 /（英）约翰·布鲁尔著；王乃弘译
. -- 北京：中信出版社，2019.7
（30秒看世界）
书名原文：Sport in 30 Seconds
ISBN 978-7-5217-0732-8

I. ①3… II. ①约… ②王… III. ①体育运动－少儿读物 IV. ①G8-49

中国版本图书馆CIP数据核字（2019）第114295号

30秒认识运动

著　　者：[英] 约翰·布鲁尔
译　　者：王乃弘
出版发行：中信出版集团股份有限公司
（北京市朝阳区惠新东街甲4号富盛大厦2座　邮编　100029）
承 印 者：北京利丰雅高长城印刷有限公司

开　　本：787mm×1092mm　1/16　　印　张：5　　字　数：60千字
版　　次：2019年7月第1版　　印　次：2019年7月第1次印刷
京权图字：01-2018-7505　　广告经营许可证：京朝工商广字第8087号
审 图 号：GS（2018）5921号
书　　号：ISBN 978-7-5217-0732-8
定　　价：460.00元（全20册）

图书策划：见识城邦
策划编辑：肖雪　程时音　　责任编辑：卢建勇　曲沛然　于贺
营销编辑：杨璞　　装帧设计：象上设计
责任印制：刘新蓉

30秒认识运动

目录

序 / 4

关于体育运动 / 7

体育运动的历史 / 8

为什么人们要进行体育运动 / 10

全民体育 / 12

体育运动的将来 / 14

运动科学 / 17

有氧能量 / 18

无氧能量 / 20

肌肉的力量 / 22

体温 / 24

奥林匹克运动会 / 27

古典奥运会 / 28

现代奥运会 / 30

冬季奥运会 / 32

残疾人奥运会 / 34

不寻常的运动 / 36

球类团体运动 / 39

足球 / 40

英式橄榄球 / 42

篮球 / 44

排球 / 46

美式橄榄球 / 48

球棍类团体运动 / 51

板球 / 52

棒球 / 54

曲棍球和冰球 / 56

个人体育项目 / 59

盛装舞步和场地障碍赛 / 60

游泳和跳水 / 62

田径 / 64

体操 / 66

自行车 / 68

赛车 / 70

搏击 / 72

网球 / 74

高尔夫球 / 76

小问题答案 / 78

序

60秒介绍

体育运动总是能够让人激情澎湃，同时也充满挑战和乐趣。全世界有亿万人喜欢参与或观赏体育运动。

但是参与体育运动并不仅仅意味着在世界大赛或者奥林匹克运动会上夺取奖牌，而是我们发自内心地喜欢体育运动。同时，科学证明运动使人更加健美。

曾几何时，你是否对体育运动是如何起源的、谁是最早的体育竞技的参与者有过兴趣？有证据表明摔跤运动曾是原始社会人们生活的一部分。就像现在一样，2 000多年以前的古典奥林匹克运动会的获胜运动员也同样被视为英雄。

20世纪之前，体育运动并没有在全世界范围内真正地被重视起来。千百年来，体育运动或比赛通常是在本地社区举办的。运动规则常常变化，运动当中甚至常常发生争斗。直到19世纪，体育运动的价值观才逐渐被人们所认同。各项体育运动的管理机构建立起来，它们也制定了更清晰明确、被所有人遵守的体育规则。

此后，像足球和板球之类的体育项目不断传播，国内和国际比赛纷纷得以举办，奥林匹克运动会也重新回归。不久，竞技性体育便成为全世界的流行趋势。

最开始的时候，女性和残疾人（无论是身体或是

智力残疾）是不能参加大多数的国内和国际的体育赛事的。但现如今，无论男女或是身体上健全与否，每个人都可以尝试参加竞技或休闲娱乐的体育运动。

本书解读了世界上最受欢迎的团体运动项目和个人运动项目。介绍了它们的起源、规则、得分机制、顶级赛事和标志性的人物。这本书还讲解了你的身体是如何应对运动的。还有运动科学和科技如何影响了现代体育运动，如何让越来越多的运动员去打破原有的纪录。

书中每一个主题都会有一页快速描述的内容，让你能够以最快的速度去了解这一主题。如果你很赶时间，你完全可以只阅读“3秒钟总结”这一节就可以对你感兴趣的体育项目有一个大致的了解。丰富多彩的页面设计可以更好地引导你了解每一项体育运动。如果你还有几分钟时间，你可以探索书中更详细的事实描述，书中还有很多小任务等着你去完成。

当你阅读完整本书，你可能会惊奇地发现你很想立刻去运动场上一试身手。

800
440
204
064
065
512
340
341
693
480

关于体育运动

你可能也会参加体育运动。但是你是否知道体育运动是怎么诞生的呢？人类从事的第一项体育是什么运动呢？本章节将会为大家讲述关于体育运动的历史、发展和未来的体育运动将会是什么样的，还有为什么人们对参与体育运动这么有激情和动力。你还将会了解到体育运动是如何逐渐演变成为不分年龄、地点或个人能力，人人都可以参与进来的全民运动。

体育运动的历史

30秒人揭秘

人类参与体育运动已经有几千年的历史。在史前岩洞壁画中，我们发现了描绘摔跤运动员和短跑运动员的场景。而体育竞技比赛也是古埃及人生活中必不可少的一部分。在2 000多年以前，也就是在公元前776年，古希腊人举办了史上第一届奥林匹克运动会（简称奥运会）。

中世纪的时候，大多数富有的人都会参与有组织性的体育活动。通常这些运动都是能够展示战斗技巧的军事体育，例如射箭和马上长枪比武。普通百姓一般会参与一些球类的运动，例如足球运动来作为日常的消遣。那时候的运动几乎没有什么规则可言，所以比到最后常常变成一场殴斗。

到19世纪的时候，体育运动慢慢地开始面向每一个人。英国首先出现了足球、英式橄榄球、板球比赛的严谨比赛规则，这些球类运动在大英帝国范围内（包括了英国本土和各英属殖民地）得到广泛传播。像空手道和柔道这些搏击类运动也慢慢从亚洲传入了西方国家，而长曲棍球（也叫网棒球）和棒球则起源于美国。1896年，举办了第一届现代奥运会。

虽然女性也会参与体育运动，但是在20世纪之前，女性是被禁止参加任何体育赛事的。但现如今，除了极个别的几个国家，女性可以参与大多数奥运会项目和顶级体育赛事。

3秒钟总结

体育竞技从史前就已经非常流行了。

小知识

最古老的体育运动

这些常见的体育运动在数千年前就已经存在了。

摔跤	公元前7000年
跳远及标枪	公元前2000年
爱尔兰式曲棍球	公元前980年
赛跑及铁饼	公元前706年
英式橄榄球	公元前200年

几个世纪以来，全世界各地的人们都参与到各式各样的竞技体育中来

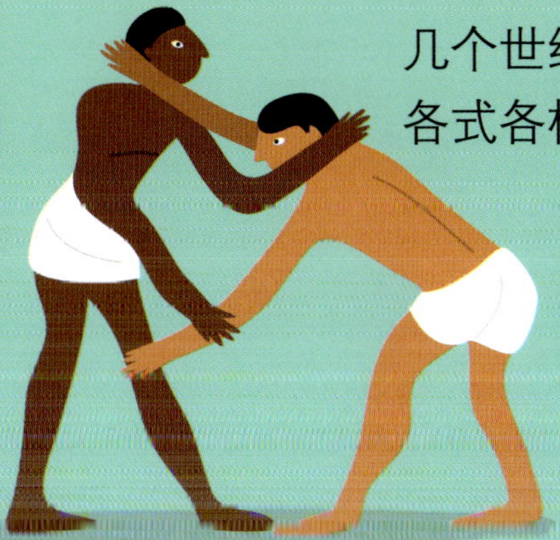

摔跤是世界上最古老的体育运动之一。我们已经发现了许多关于竞技的古老图画

在中世纪，马上长枪比武和击剑这些格斗运动是富裕贵族中非常流行的消遣

像足球、板球及棒球这类备受欢迎的团队运动是从19世纪开始出现的

在20世纪之前，女性体育明星是非常少的。苏珊·拉格伦在20世纪前20年是最早几个具有国际影响力的女性网球运动员之一

为什么人们要进行体育运动

30秒大揭秘

体育运动不仅仅关乎输赢。无论一个人擅长不擅长体育运动，体育运动都会对参与其中的人有益处。大家可能都知道多进行体育运动可以促进人体健康，提高人体各项机能，从而减少疾病的发生。但是你知道多进行体育运动还可以让你心情舒畅、学习必要的生活技能吗？

进行体育运动不仅可以让你越发自信，还可以让你结交更多的朋友。体育运动还可以教你如何去应对生活当中的巨大变化，比如搬到一个新的社区居住，或者到一所新的学校去学习。胜利总是让人愉悦，也比失败更容易让人接受。参与体育运动可以教会你如何去尊重他人，如何胜不骄败不馁。

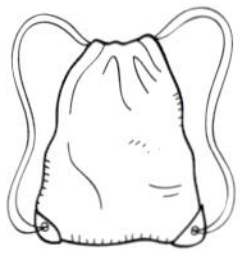

在团体体育项目中，运动员相互合作争取得分，进而取得比赛的胜利。虽然每一名运动员都有各自的责任和职位，但是运动员们更需要相互之间的支持与配合。

科学表明，进行体育运动还可以开发大脑。当你进行体育运动的时候，你身体摄入氧气的量就随之上升。越多的氧气被运输到你的大脑，你的大脑就越敏锐。

3秒钟总结

体育运动让我们保持强壮、健康和愉悦的心情。体育运动还是一种可以让我们学到很多重要的生活技巧的有趣方式。

小知识

卓越的体育精神

德国运动员鲁兹·朗在1936年的奥运会上为我们展示了什么是真正的体育精神。他在跳远预赛上以破纪录的成绩晋级决赛，所以理所当然地被认为是金牌得主的热门选手。但是当他看到美国运动员杰西·欧文斯在预赛中两次试跳犯规（因为起跳点过于靠近起跳线）的时候，鲁兹建议欧文斯改变他的起跳点。欧文斯在听了鲁兹的建议之后终于在第三次试跳的时候成功地晋级决赛，并最终在决赛中赢得金牌。

进行体育运动是很有趣的。体育运动还会对你的健康、交友、自信和学识有所助益

定期运动可以提升你的健康程度，帮助你增长肌肉

进行团队体育运动可以让你和他人合作从而结交新的朋友

体育运动可以教会你如何成为一名能赢、会输和懂得感恩的优秀运动员

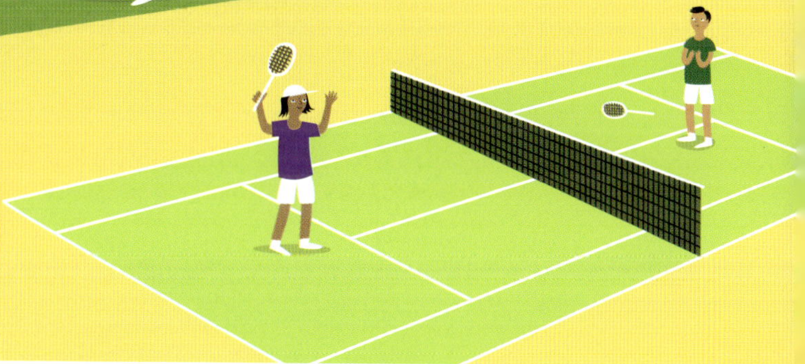

运动可以促进血液循环，使氧气更多地流动到大脑，使你更加聪明

全民体育

30秒大揭秘

现如今即便你不是一名极为杰出的运动员也能享受体育运动。无论你的年龄多大和运动能力如何，你都可以在公园、学校或者俱乐部里参与你喜欢的体育运动。你也可以去参加体育竞赛。

像足球场、滑板公园和自行车赛道这样的体育设施是对每一个人开放的。无论你什么时候想跑步、游泳或滑冰，你都能够很轻易地参与其中。一些城市的市中心还设置了户外的乒乓球球桌供人使用。

很多我们所熟悉的体育运动被改进成为让残疾人士也可以参与的运动。这些改进过的体育项目通常会使用特殊的器材，比如轻材质的竞赛用轮椅，和不用站着而是可以坐在上面的滑雪单板。许多体育项目都会举办人人均可参加的赛事。这些体育赛事可以让所有的健全人和残疾人都来互相竞赛。

我们对体育运动的看法改变了许多。曾经，我们认为只有那些能力很出众的男女运动员才可以参与竞技体育；如今，我们意识到所有年龄段和身体状况的人都能够享受体育运动是多么重要。

3秒钟总结

如今，所有人都被鼓励参与体育运动，无论其身体能力如何。

小知识

做到它！

以下这些人的成就证明：老年人也可以成为优胜者。

- 美国的马维斯·林根在90岁的时候用8小时53分钟跑完了马拉松。
- 英国的福·辛格在100岁的时候用23.4秒的时间跑完了100米。
- 法国的罗伯特·马尔尚在105岁的时候创下了1小时骑行22.6千米的世界纪录！

现如今各个年龄段及不同能力水平的人都可以享受体育运动带来的乐趣

如慈善赛跑这一类的活动可以提高人们的健康状况，还能够筹集善款

定期运动可以让老年人保持身体健康

一家人可以一起尝试新的体育运动

改进过的体育装备使残疾人也可以参与体育运动

体育运动的将来

30秒大揭秘

现在越来越多的人会去观赏和参与各式各样的体育项目。20世纪电视机的发明第一次让数亿人可以观看像奥运会这样精彩的体育赛事。对流行的体育运动，如足球、板球及篮球的全球电视转播让它们变得更加流行。

自行车和汽车的问世也衍生出另一类体育项目——由人来控制机械进行体育运动。新技术不断影响着体育运动，与此同时科学家们也正在努力地让未来的运动员可以变得更好、更快、更强。更合理的训练方式、更好的营养搭配、更完善的恢复计划、更尖端的运动装备和更完美的体育设施，运动科学正致力于提升人类在体育运动上的表现。

没有人可以准确预测人类运动员的极限，但是探寻这些极限是极富乐趣的。比如，百米短跑的世界纪录是9.58秒——这相当于大约35千米/时的速度。如果有一天，运动员可以长时间保持这个奔跑速度，那么他则可以用1分钟43秒的时间跑完1 000米，或者用1小时10分钟的时间跑完长达42.195千米的马拉松比赛。

3秒钟总结

随着运动科学和技术的提高，人类在体育方面的成就也越来越高。

小知识

体育运动中的药品

由于对成为巅峰和赢得胜利太过于执着，一些运动员及他们的教练员甚至不惜作弊，用违禁药品来提高运动员的竞技水平。这就是为什么所有的竞赛选手都要进行血液或者尿液的药物检测。如果一旦有运动员被发现使用违禁药品，那么他就会面临长时间的禁赛处罚。

在运动装备、训练方式及运动健康各方面的科技进步可以使运动员们取得更好的成绩

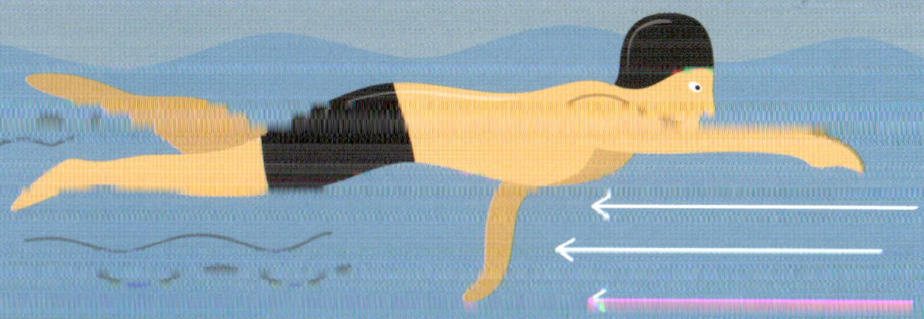

科学家们发明出了新型的运动服装布料，比如模仿鲨鱼皮肤的泳衣，这样可以有效地减少阻力

阻力是一种阻碍游泳运动员前进、降低游泳速度的力量

虚拟现实技术使得运动员们即使在独自一人的时候也可以锻炼技术

假肢科技的发展，比如残疾人穿着的刀锋形碳纤维假腿，被认为有朝一日可能会发展出人造运动员

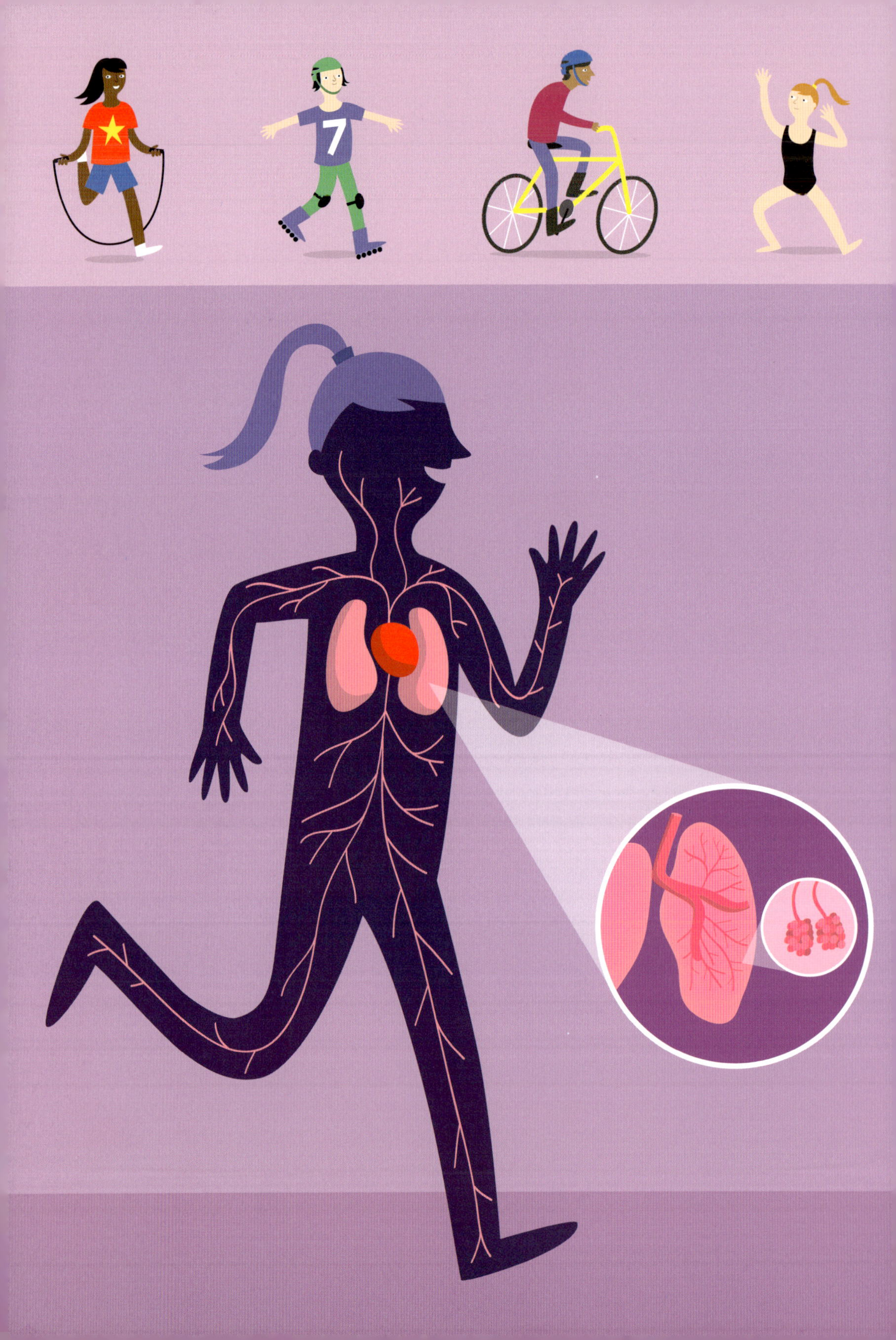
7

运动科学

长久以来，科学家们一直致力于研究运动如何使人类的身体发生变化。无论是长时间的耐力运动还是短时爆发性的运动，我们人体中标志性的器官，如心脏、肺和肌肉群都会逐渐适应这些运动的需求。根据这一点，运动科学家们可以帮助教练和运动员们针对他们的体育项目设计最有效的训练计划。

有氧能量

30秒大揭秘

你的身体需要能量来做体育运动。你从食物中的碳水化合物及脂肪得到能量。这些能量都被储藏在你的肌肉和肝当中，当你开始运动的时候，它们与氧气进行反应从而提供能量。这种产生能量的方式使你能够进行有氧运动——比如游泳或者骑车——它们都是一些所需时间比较长的运动。

在我们的肺里，我们吸进来的氧气通过数以百万的小气囊传输到细小的毛细血管网中。氧气从这里开始了它向肌肉进发的旅途。

心脏有力的跳动推动了富含氧气成分的血液经过一种叫动脉的大血管输送到全身。在肌肉里，这些大的动脉血管分为细小的毛细血管，毛细血管极薄的壁允许氧气从血管中进入肌肉里。在这儿，氧气与碳水化合物及脂肪反应释放能量。

氧气构成了我们吸入空气的大约1/5。我们通常每分钟呼吸12～18次，大约有4～6升的空气进入我们的肺里。运动中我们呼吸的频率会提高，从而让更多的空气可以进入肺里。在剧烈运动中，优秀运动员每分钟可以呼吸50次。

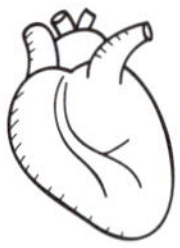

3秒钟总结

在运动的时候，氧气与储藏的碳水化合物及脂肪发生反应，释放能量。

3分钟任务

数一数呼吸频率

静坐，摸到你的脉搏。用计时器记录你一分钟能感觉到的心跳。然后记录下你一分钟呼吸的次数。

沿着一段楼梯快速上下五次。再次记录你的心跳和呼吸。你发现了什么？

氧气与碳水化合物及脂肪反应，释放你长时间运动时身体所需的能量

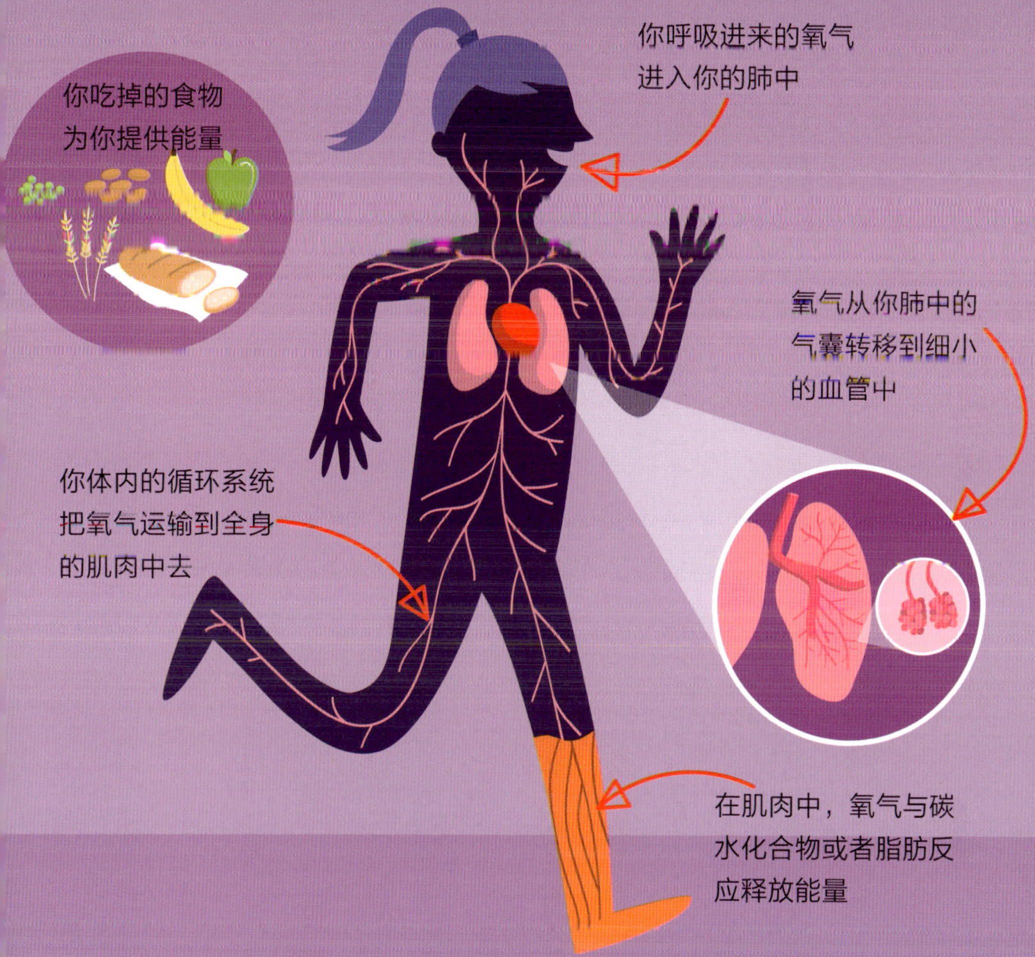

以下这些运动都需要用到有氧反应所释放的能量

无氧能量

30秒大揭秘

当进行如冲刺跑、橄榄球并列争球或网球大力发球这些快速消耗大量能量的运动的时候，你的身体则需要启用体内的无氧系统，在不消耗氧气的情况下制造能量。

就像有氧系统一样，这些能量的来源依旧是我们所吃的食物。因为脂肪不能快速地提供大量能量，所以无氧系统只会消耗肌肉中储藏的碳水化合物。

虽然无氧系统可以快速地提供能量，但是你的肌肉也会非常快速地进入疲劳状态。这是因为无氧系统在消耗肌肉中储藏的碳水化合物的时候，会在肌肉和血液中产生一种名为乳酸的副产物。随着乳酸含量的提升，能量的产生会变得越来越困难，还会使得肌肉变得酸痛和疲劳。

即使是世界上最优秀的运动员也很难进行长时间高强度的无氧运动。不仅仅是因为身体会感到非常疲惫，还因为身体很难保持协调，这会导致竞技状态下降，浪费得分机会。当你耗尽全部能量时，你的身体会运输更多的血液和氧气到肌肉中来把乳酸清除掉，这需要几分钟才能让身体恢复到正常的状态。

3秒钟总结

由无氧系统快速制造的能量是在肌肉中产生的。

小知识

无氧马拉松

一名可以用10秒钟跑完100米的短跑运动员可以只用70分钟就跑完一场马拉松，条件是他们可以一直用无氧系统来制造能量，同时保持他们的乳酸含量一直不变。

人体可以用无氧系统在无氧的状态下在短时间内释放出大量能量

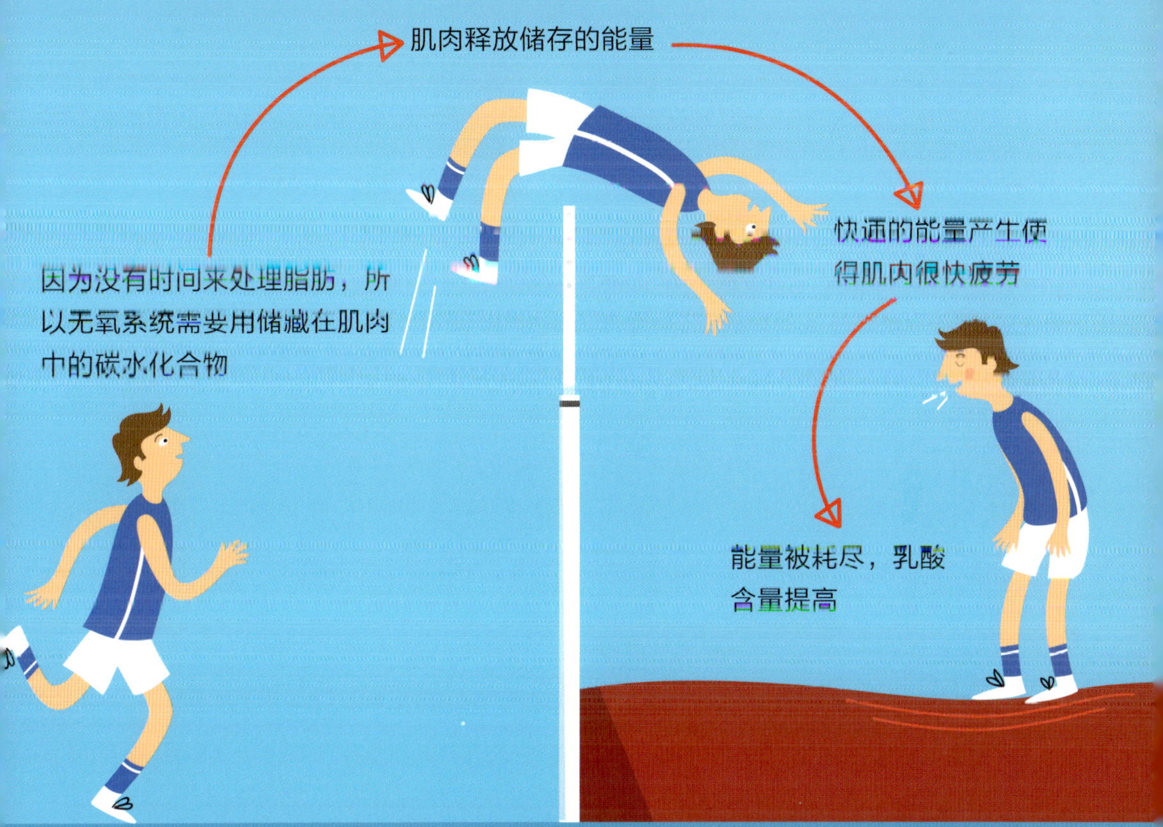

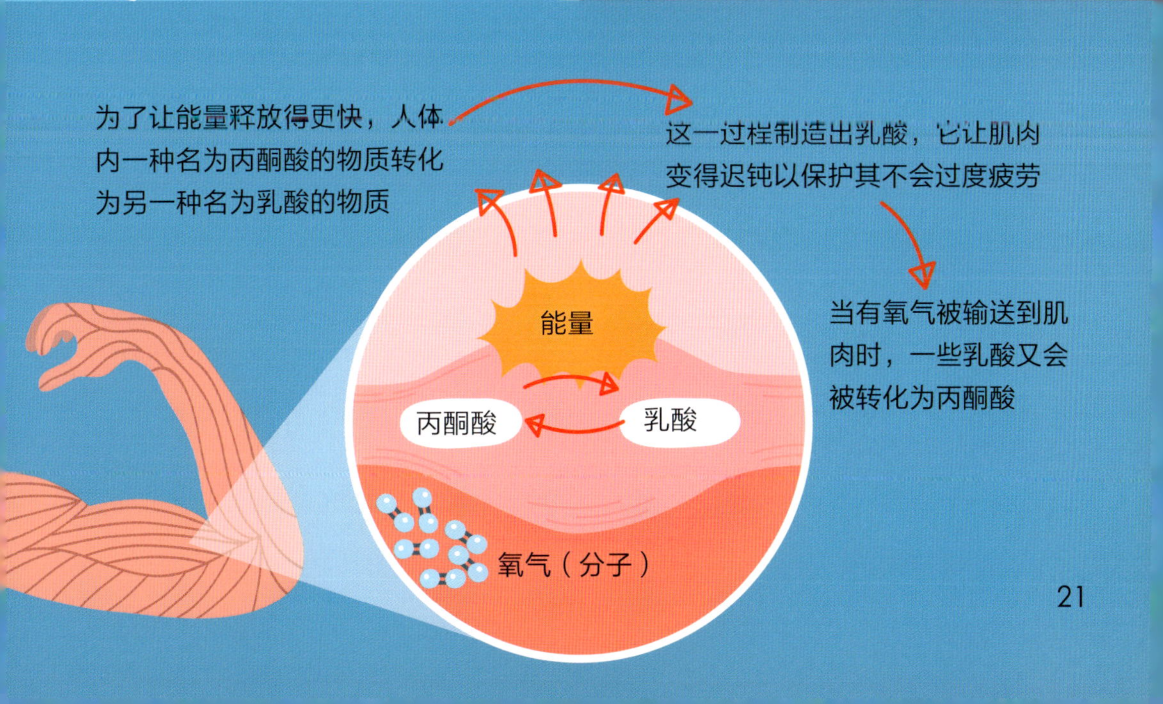

肌肉的力量

30秒大揭秘

你的身体由三种不同的肌肉来维持正常的生理活动。心肌是非常独特的一种肌肉类型，它只存在于心脏壁中。心肌的运作不受人意识的控制，它自动将血液和氧气泵到全身各个位置，也不会疲劳。平滑肌存在于如胃和肠道等人体的各个器官的壁中。这类肌肉也是不受人体自主控制的。

第三种肌肉是骨骼肌。这类肌肉的作用是让你的身体可以运动起来。骨骼肌是一种随意肌，也就是说人可以随意控制这类肌肉。每当你想让身体运动起来，你的大脑就会通过神经系统把代表这一运动的信号发送给肌肉。

每一块骨骼肌都是由一些独立的肌纤维束组成的。每一根肌纤维又是由很多束极细极长的肌原纤维组成的。

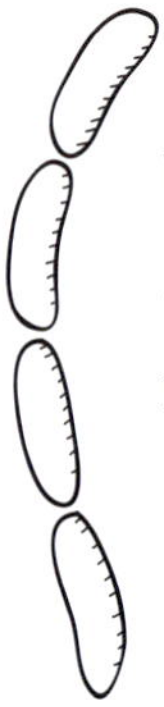

这些纤维还可以被划分成独立的肌节。这些肌节就像一串香肠一样首尾相连。当大脑发出的运动信号被传送到这里时，这些肌节中互相交叉的肌纤维就会收缩。肌纤维的收缩导致肌肉的收缩，引发躯体的运动。

3秒钟总结

你的身体内有三种肌肉：心肌、平滑肌和骨骼肌。

3分钟任务

蒙眼保持平衡

在一个空旷的地方，请闭上你的双眼并用单脚站立。心里默数你能够在放下另一只脚之前保持多长时间的平衡。然后再试两次，看看你是否能够一次比一次坚持的时间更长。

就这样每天练习，坚持两周，你应该可以保持更长时间的平衡。这是因为你所有的肌肉都记住了如何协同合作来让你保持平衡。

你的三类肌肉都在一直工作，使你的身体可以活动起来

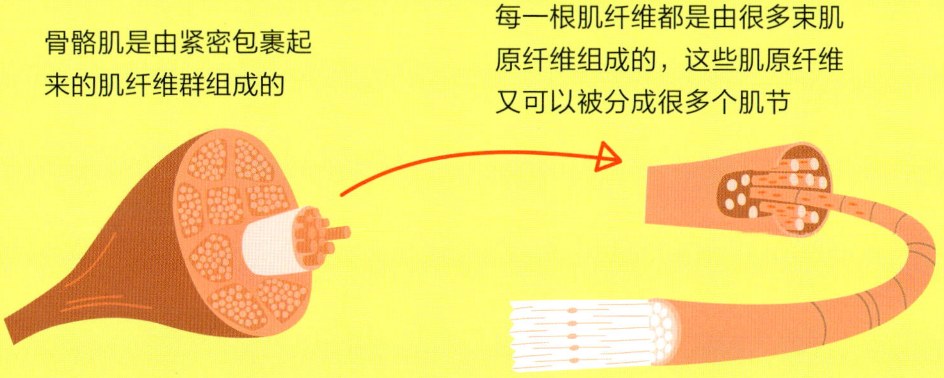

体温

30秒大揭秘

我们人体的正常体温为37摄氏度。但是每当我们开始运动的时候，肌肉在产生人体所需的能量的同时也会产生热量，从而提高了体温。为了保证体温处在一个安全的水平，人体需要散热。

人体将运动产生的热量散发出去的主要方式之一就是排汗。汗水是由遍布在身体各处的汗腺产生的一种水状的液体。当你出汗时，皮肤上的细小开口会向表皮分泌出汗珠，汗珠可以在表皮上蒸发掉。

我们人体还有第二种方式可以用来保持体温稳定。这种方式就是把更多的血液运输到皮肤，这意味着热量可以从皮肤下面散发到周围的空气中去。皮下血管通过扩张来让更多的血液可以流过血管。这就是为什么人在运动的时候会全身变红。

体温过高或缺水都是非常危险的。因此运动员们都非常注意饮用足够的水分来补充汗水的流失，他们还会穿着透汗吸水的运动服装来帮助汗液的蒸发。

3秒钟总结

运动会提升体温。排汗及加速血液循环可以降低体温。

3分钟任务

毛细管作用

解析植物的毛细管作用是如何启发出吸湿排汗运动服的思路的。

1. 剪断一株缺水的芹菜茎的下端，然后把它放到一杯水中，并在水中滴上几滴食用色素。

2. 几天后检查茎秆，看看色素往上移动了多少。如果在茎秆上端出现了色素点，则表明水已经移动到了毛细管的最上端。当色素到了叶子上，说明水就已经蒸发掉了。

你的身体具备高效的冷却系统来防止身体过热

运动让身体发热

身体变红说明温度较高的血液正在皮肤表层散热

排汗产生小水滴，然后在皮肤上蒸发

热量是通过汗腺和血管，在皮肤上散发的

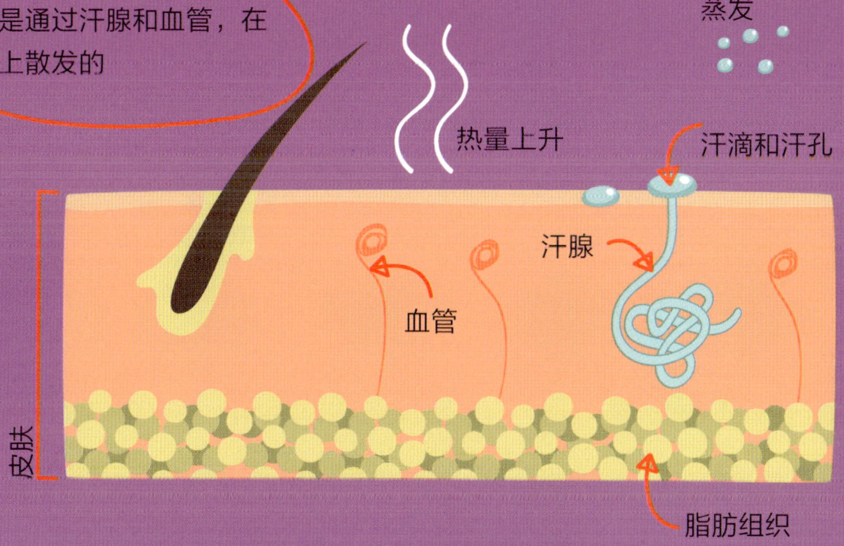

你运动的时候每小时会排出大约一升的汗水。饮用足够的水来补充流失的水分是非常重要的

奥林匹克运动会

起源自古希腊的奥林匹克运动会已成为最受瞩目的全球体育大赛之一。很多运动员都视参加奥运会并取得名次为自己职业生涯的巅峰。现如今世界上大部分国家都已经参与夏季、冬季以及残疾人奥林匹克运动会了。这是与古典奥林匹克运动会截然不同的，因为那时只有希腊人才能在为数不多的几个项目中进行竞赛。

古典奥运会

30秒大揭秘

第一届奥林匹克运动会在公元前776年的古希腊举办，为的是纪念希腊的神明宙斯，他是奥林匹斯山上众神的统治者。全希腊的运动员们都来参加这场运动会。运动员们必须是希腊人，并且他们的旅行受到“奥林匹克休战”的保护，因此这些运动员可以平安抵达奥林匹亚。

在最早一届古典奥运会上的体育运动中，我们只知道其中的一项。这项运动叫作“斯泰德”（stade），其实就是192米冲刺跑。在后来的奥林匹克运动会上把中距离跑（diaulos）也纳入其中，其比赛距离是斯泰德的两倍。此外还有距离为5千米的赛跑项目。标枪和铁饼这些投掷项目是后来和拳击、摔跤、战车竞速、五项全能一起被列为比赛项目的。

运动会在一个体育场中举办，场边还有数以千计的观众，这些观众就住在帐篷里或者干脆露宿野外。在晚上还有宴会，有点儿像大型烧烤活动。

在运动会的最后一天，冠军们的头上会戴上橄榄枝花冠。当他们返回家乡时，会被当作英雄对待。但是女性是不被允许参加运动会的，而且只有未婚的女人才可以观看比赛。

3秒钟总结

只有希腊运动员才能参加古典奥运会，这一赛事是为了纪念主神宙斯。

小知识

谁是耐克？

如果耐克这个名字让你想起了一个运动品牌，那你最好再思考一下！对于古希腊人来说，耐克是胜利女神，也是宙斯的保卫者。自从1896年以来，她的雕像被镌刻在奥运会奖牌的一面上，手里拿着寓意和平的橄榄枝和为冠军加冕的花冠。

奥林匹克运动会是为了祭祀神明宙斯而举行的，运动员从全希腊各处来到奥林匹亚

五项全能运动包括掷铁饼、标枪、跳远、斯泰德赛跑和摔跤

火对于古希腊人来讲是十分神圣的，一个火炬在运动会期间会一直燃烧下去

斯泰德赛跑属于在运动场上进行的冲刺跑，比赛的开始以号声作为标志

激烈的驷马战车和双马战车竞速在赛马场举办，有成百上千的观众观看

现代奥运会

30秒大揭秘

1890年，皮埃尔·德·顾拜旦男爵在英国的什罗普郡观看了一场当地的运动大会，这场运动大会叫作文洛克奥林匹亚运动会。顾拜旦是体育运动的坚定支持者，他在这场运动会上深受感动，以至于他决定建立国际奥林匹克委员会（IOC，简称国际奥委会），并且重新创办了现代版的古典奥林匹克运动会。

1896年，国际奥委会在希腊奥林匹亚举办了第一届现代奥林匹克运动会。一共有来自14个国家的241名运动员参加了这届奥运会。从那时开始，除了两次世界大战期间，奥运会在世界各国的不同城市每四年举办一次。1924年，冬奥会也创立了。

最近几届夏季奥运会参赛运动员均超过10 000名，几乎来自全世界所有国家和地区。跟古典奥运会相似，冠军们不会获得奖金，他们得到的奖励是一块金牌和成为奥运会冠军的荣誉。

除了监督奥运会的举办之外，国际奥委会也负责通过体育运动弘扬奥林匹克精神，比如追求卓越、尊重、和平、友谊与平等。

顾拜旦

3秒钟总结

第一届现代奥林匹克运动会在1896年举办。现代奥运会的奥林匹克精神和古典时期是一致的。

小知识

奥林匹克旗

在奥林匹克旗上的五个环代表了地球的五大洲。在白色背景下选择这五种颜色——红色、黄色、蓝色、绿色和黑色在世界上每个国家的国旗上都会出现其中至少一种。

这条时间线显示了现代奥运会历程中的几件重大事件

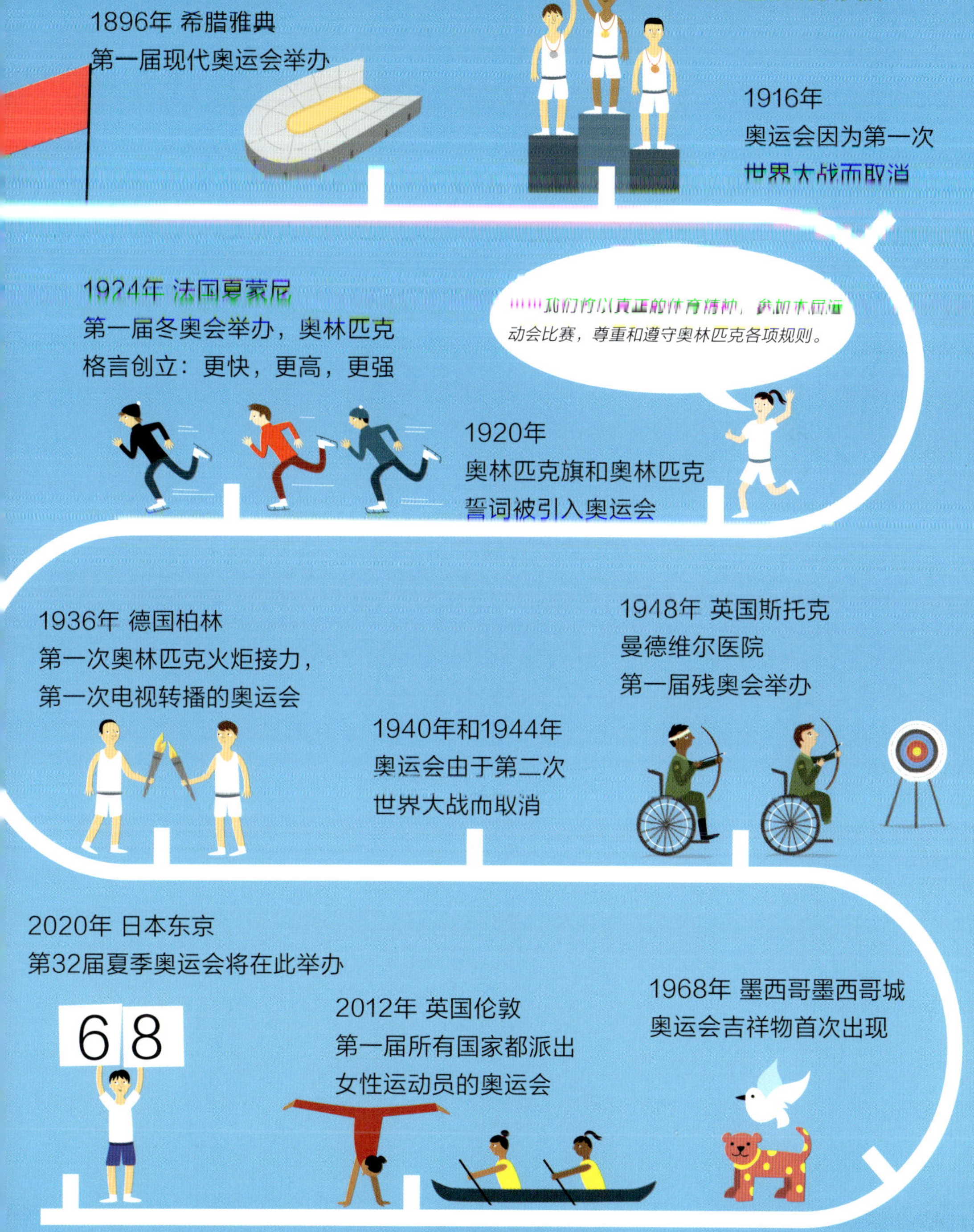

冬季奥运会

30秒大揭秘

第一届冰雪运动的奥运会在1924年的法国阿尔卑斯山区的夏蒙尼举办。其中包括五个大项——有舵雪橇（也称雪车）、北欧式滑雪、滑冰、冰壶、冰球，并且有来自16个国家的258名运动员参加。

跳台滑雪是夏蒙尼冬奥会的明星项目（是属于北欧式滑雪的一个小项），这项惊心动魄的运动当时在斯堪的纳维亚（瑞典、挪威、芬兰）以外几乎无人知晓，在当时制造了轰动。夺得冠军的一跳是挪威滑雪运动员雅各布·图林·萨姆斯完成的，他跳了71米——现在的跳台滑雪冠军能够跳到超过100米。

在这之后，其他惊心动魄的运动很快被纳入了冬奥会。包括短道速滑、高山滑雪、无舵雪橇和俯式冰橇。如今，奥运会的组织者不断地添加新的项目以维持冬奥会的人气。最新添加的项目有自由式滑雪、单板滑雪和雪上技巧。

和夏季奥运会类似，冬奥会每四年举办一次。最初，它和夏季奥运会在同一年举办，但自从1996年开始，它们开始间隔两年举办。

3秒钟总结

自从第一届冬奥会向观众推出了跳台滑雪运动，惊心动魄的新运动成为冬奥会的一部分。

小知识

索尼娅·海妮

在1924年的冬奥会上出现了一个仅有11岁的参赛者！索尼娅·海妮来自挪威，并且在家乡已经是滑冰冠军。不幸的是，在夏蒙尼奥运会上她在她比赛的项目——女子花样滑冰中只得到了最后一名。但她在接下来的三届冬奥会中都赢得了金牌，成为世界范围内的运动名人。

第一届冬奥会在1924年举办，仅包括5个大项，现如今的项目已经是当时的3倍之多了

1924年的跳台滑雪运动员穿着厚重的羊毛衣服，使用笨重的木制滑雪板

现在奥运会的滑雪运动员可以在高科技面料的衣服里保持温暖和干燥，并使用轻便的滑雪板

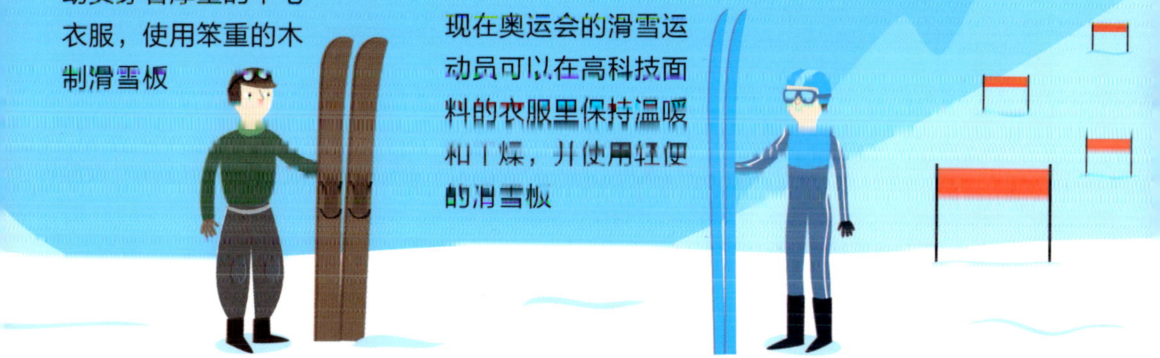

现在的冬奥会较过去有了更多的女性参赛者，也有了更多刺激的运动项目，例如自由式滑雪、有舵雪橇和速度滑冰

残疾人奥运会

30秒大揭秘

在1948年的英国，16名坐在轮椅上的运动员参加了一场叫作曼德维尔运动会的射箭比赛。这次运动会与1948年伦敦奥运会同期举行，这是路德维格·格特曼博士的主意，而参赛的运动员们都是瘫痪的军人。从那时开始，曼德维尔运动会每四年在夏季奥运会结束后举办一次，吸引了来自世界各地的很多残疾人运动员。

在1960年，第一届国际曼德维尔运动会在罗马举办，具体时间在夏季奥运会结束后的一周。它们由国际残疾人奥林匹克委员会组织和管理，后来国际残疾人奥林匹克委员会将这一项赛事改名为残疾人奥运会（简称残奥会）。不幸的是，参赛的400名残疾人运动员不得不住在建在高坡上的公寓里，结果不得不调来士兵将他们从台阶上搬上搬下。

如今，冬季奥运会和夏季残奥会堪称是世界上最大的几项综合性赛事。残奥会的重点是表彰残疾人运动员的成就，而残疾人运动员参加的经过调整的运动项目必须符合国际残奥委员会的宗旨，那就是：能让残疾人运动员取得优秀的成绩，并可以激励全世界。

3秒钟总结

残奥会表彰残疾人运动员的运动成就。

小知识

听障奥运会

1924年，来自9个国家的运动员齐聚法国巴黎，参加了一场不寻常的体育竞赛。国际无声运动会是第一届为听障人士举办的运动会。竞赛每四年举办一次，是继奥运会之后举办历史最长的国际体育赛事。2001年，这项赛事的名字改为大家更熟悉的听障奥运会。

射箭是残奥会最早的一项比赛项目。现在有超过4 000名运动员参与残奥会20个大项的比赛

残疾人奥运会的运动员根据他们不同的残疾状况来参与相应的体育项目。项目包括：

1948年，伤残军人在曼德维尔运动会参加射箭比赛

不寻常的运动

30秒大揭秘

在每届奥运会后，国际奥委会决定哪些运动项目将继续得以保留，并且是否要增加新的项目。一些体育运动，像田径或者自行车都包括很多小项。所以奥运会中也可能会加入新的小项或将已有的小项移除。

自从1896年奥运会后，有12个大项被移出奥运会，其中有一些项目很不寻常！例如，在拔河比赛中，2支各由8人组成的队伍把一段绳子往相反的方向拉，而获胜条件是将对方队伍拉到距离中线两米的地方。

早期奥运会的两项游泳小项也被移除，它们是水下游泳和竞距跳水。竞距跳水项目的运动员跳下水后，需要在不划水的情况下在水下尽可能向前游。它被移除是因为国际奥委会意识到体重更大的参赛者会获得不公平的优势，因为他们的体重会自然地将他们推得更远。

汽艇是奥运会项目中最大的灾难之一。这一项目只在1908年举行过一次。当时比赛用的船虽然有引擎，但其速度只能达到30千米/时，2/3的竞赛不得不因为糟糕的天气而中断（这项比赛前后共有6艘船进行了8次航行，其中有5次航行由于天气恶劣不得不中途放弃比赛），而且这项竞赛的观众会因为船跑得太远而无法观看到比赛的情况。

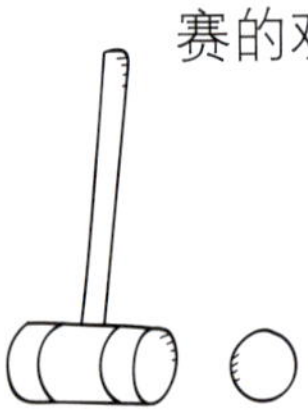

3分钟任务

奥运会小测试

你能猜到下方列表里哪3个不寻常的运动不是早期的奥运会比赛项目吗？

救火	重物投掷
单足蹦跳	骑马跳远
攀绳	唱歌
单脚平衡	给贵宾犬剪毛

（答案在78页）

3秒钟总结

一些奇特的运动曾经出现在现代奥运会中。

早期奥运会中一些特殊的运动项目已不再是现代奥运会的比赛项目

竞距跳水被移除因为它更偏向于体重大的运动员

在1908年，英国拔河队笨重的靴子卡在了地上

移动鹿形靶射击一直到1948年都是奥运会项目。这里的鹿是一个沿着轨道移动的木质模型

1908年，糟糕的天气使大多数汽艇的航行都被迫取消，而且观众在岸上无法观看到比赛的情况

球类团体运动

学校、城市和国家塑造出了大小不同的社交群体。发展团体运动一个重要的原因就是为了代表这些群体。比如足球这样的球类团体运动在全球范围内备受欢迎，而排球和美式橄榄球不同，它们只在特定的地区受欢迎。每种不同的球类运动都有着不同的团队规模和规则，但是对战的两个队伍的目的都是为了争夺一个球。

足球

30秒大揭秘

古代中国的士兵以蹴鞠来强身健体，蹴鞠是一项把球踢进一个网兜的比赛。蹴鞠被认为是最早形式的足球。如今，无数人不论男女老少都在踢足球，它是世界上最受欢迎的团体运动之一。

现在我们所说的足球起源于1835年的英国，第一版正式规则在那一年编制完成。尽管人们在此之前也玩儿足球，但那时的比赛是混乱失控的，因为运动员的数量没有规则规定，用手拿球也被允许，而且比赛中打架也很常见!

现代足球由国际足联管理。自1930年以来，男子足球世界杯每四年举行一次。女子足球世界杯从1991年开始举办。在这两项锦标赛中，各国国家队要参加一系列资格赛。而表现最好的两个球队将进入决赛一较高下，来决定世界冠军的归属。

埃德森·阿兰特斯·多·纳西门托——就是“球王”贝利——是世界上最好的足球运动员之一。他为巴西队92次出场，进球77次，包括帮助巴西3次赢得世界杯冠军（他职业生涯共出场1366次，打进1283球）。在女子足球中，美国队员艾比·瓦姆巴克为国家队进球176次，得过两次奥运会冠军和一次世界杯冠军。

“球王”贝利

3秒钟总结

现代足球起源于19世纪并逐步传播到全世界。

3分钟任务

踢球测试

在一个大型户外场所尝试一下这个测试。争取每次都踢到球的中心。

1. 朝前方直着踢球；
2. 把球踢得尽可能高；
3. 把球踢到大约45度角的方向。

哪个角度能把球踢得最远呢？

对于参赛队伍来说，足球比赛的目标是比对方队伍得更多的分。而球穿过门柱间的球门线时就算得分

90分钟

每个队伍11人

1名主裁判

2名助理裁判

裁判观察有没有犯规并且确保运动员都遵守规则

助理裁判判断球是否出界或者是否有球员越位

一个队伍有四种类型的球员：守门员、后卫、中场队员、前锋

前锋是技术娴熟的队员，可以特别准确地用头或脚来触球

中场队员经常是最忙的球员，他们衔接进攻和防守

后卫帮助守门员保护球门

守门员是唯一一个可以用手和胳膊触球的队员

有益于：

有氧机能

心血管系统健康

肌肉力量

骨骼强度

手眼协调能力

大脑功能

英式橄榄球

30秒大揭秘

1823年，威廉·韦伯·埃利斯是英格兰拉格比学校的学生。在一次足球比赛中，他没有把球踢来踢去，而是抱起球就跑。他创造的这种新的运动形式很快流行起来，并且以这座著名的学校命名。1871年，第一版官方规则被制定出来。

最早的橄榄球是把猪的膀胱充气并用皮革将其包裹起来。如果这种橄榄球浸了水，它就会变得又重又滑。如今的橄榄球是用更轻的塑料来制作的，并且外表防水、易于手持。椭圆形的形状使它很难被抛接，所以球员们会将橄榄球旋转起来，使它在空中更加稳定。这种不同寻常的形状也导致球的反弹轨迹难以预料。

如今的橄榄球已经逐渐发展为一项参加者数以百万计的全球性体育运动。每四年，世界上实力最强的国家参加男子和女子世界杯，胜利者会得到世界冠军的荣誉称号。

麦基·阿方斯

新西兰人丹·卡特被认为是有史以来最伟大的接卫。他为国家队出场112次并得了1598分，赢得了两次世界杯并三次被票选为国际橄榄球理事会年度最佳球员。麦基·阿方斯克服了自己的足部残疾，曾为英格兰出赛74次，她随队获得过两次世界杯冠军并在六国橄榄球联赛中创纪录地7次获得冠军。

3秒钟总结

橄榄球是被一个厌烦了踢球的男学生发明的。橄榄球椭圆形的形状会影响它在空中的运动轨迹。

小知识

并列争球

比赛中一些特定情况下的暂停会以并列争球的形式重新开始，这时每个队的8名前锋站在一起将他们的对手推到后面并且赢得球权。每个球队的前锋阵容的总体重大约有900千克，大约与一辆微型汽车的重量相当！

在橄榄球比赛中，比赛结束时得分多的队伍获胜

80分钟

每个队伍15人

1名裁判

2名助理裁判

每队有8名前锋和7名后卫，他们的目标都是试图触地得分或踢球入门得分

将球踢过H形的横杆可得3分

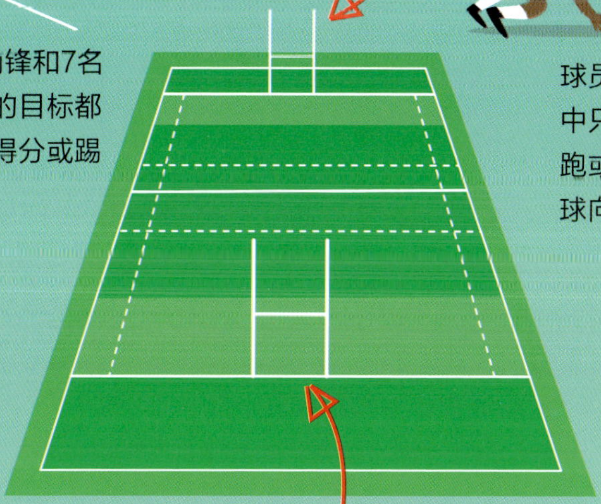

球员们在并列争球中只能用踢、带球跑或者移动球来使球向前移动

球员们将球传给自己侧后方的队友

把球放到对手进球区的地上即完成触地得分，可得5分

对手拦截持球者，使他们倒地

有益于：
腿部力量
上半身力量
有氧机能
速度

篮球

30秒大揭秘

篮球这项运动发明于1891年的一个下雨天，发明者是一位叫詹姆斯·奈史密斯的加拿大体育老师，他当时的目的是为了充实体育课的内容。詹姆斯发明的这项室内运动用装桃子的筐来做球篮，用足球充当比赛用球。球员要在手上搓煤灰之后才能把球抓牢。

篮球发展成了一项全世界最流行的团体运动，尤其是在美国。男子篮球出现在1936年之后的每届奥运会中，女子篮球在1976年成为奥运会的比赛项目，而美国队赢得的金牌数量比其他所有国家队都多。

国际规则的篮球比赛每场比赛分四节，每节比赛10分钟。当比赛被中断的时候，计时器会停止计时，而且教练们可以为了商量战术而申请暂停比赛。拥有球的队伍是进攻方，如果球丢了，他们则会变为防守方。投篮可以得两分，也可以得三分，但是价值三分的进球必须要站在三分线后投出。所谓“灌篮得分”是指高高地跃起并把球扣进球篮。

优秀的篮球运动员一般身材都很高大。著名的美国篮球运动员迈克尔·乔丹身高有1.98米。在15个赛季中，他每场比赛的平均得分都超过30分。顶尖的女子篮球运动员丽萨·莱斯利在美国女子篮球联赛（WNBA）征战了12年，并赢得过4次奥运会金牌。

迈克尔·乔丹

3秒钟总结

早期篮球运动员将一个足球投进一个水果筐里。现如今篮球变成了非常国际化的运动。

3分钟任务

拍球挑战

找一个表面坚硬且比较大的球，例如篮球、足球，用一只手将球拍到地板上，再换着用另一只手拍球。

在你做到这点之后，试着在走路时这样拍球。当你可以做到边走边拍球，那就尝试跑步时拍球！

在篮球比赛中，队员把球投进对手的篮中即算得分

40分钟

每队5名球员

1名裁判

2名助理裁判

篮板球是指球打到篮板上之后弹出球篮

一次好的跳投需要投球手的手臂和手摆成正确的姿势

篮球运动员在运球和过人时用手指尖来拍球

有益于：

协调性

手臂力量

敏捷性

有氧机能

反应能力

排球

30秒大揭秘

在19世纪末，排球起源于美国基督教青年会俱乐部的一项流行运动。它很快在美国流行起来。在1900年，有人为这项运动设计出了一种很轻的球，而该运动在第一次世界大战前后传播到了欧洲。第一次世界锦标赛在1949年举办，而排球在1964年成为奥运会项目。

排球是篮球、手球和网球的混合体。排球可以在室内和户外的场地上进行，运动员用手将球击过球网。如果控球一方使球落地，或者一个球员连续触球两次，再或者球出界，则对方得到一分。

大部分比赛最多有五局。率先获得25分且以2分优势领先对手的队伍赢得一局。第五局仅有15分。自由人属于一种特殊的球员，可以在任何时间进入后排以加强球队的防守。

已退役的巴西排球运动员古斯塔沃·恩德雷斯曾经赢得过世界联赛、世界锦标赛和奥运会冠军，他多次在大型锦标赛中当选为最佳拦网手。在10年中，美国沙滩排球运动员米斯蒂·梅－特雷纳取得了112场比赛和19场锦标赛的连胜纪录，赢得了3次奥运会冠军和3次世界杯冠军。

米斯蒂·梅－特雷纳

3秒钟总结

排球是从篮球、手球和网球发展而来。

小知识

沙滩排球

沙滩排球是一项在沙滩或者其他沙地上进行的排球运动。与常规排球的六人队伍不同，沙滩排球每队只有两名运动员。沙滩排球自1992年开始进入奥运会。

排球比赛中在一队得分后、发球前时，运动员们在场地中的位置需要进行轮转（但同一队连续得分或失分时不需要轮转）

每队6名
运动员

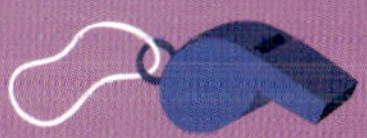

2名
裁判

2～4名
司线员

在比赛开始时，两个队伍都面向球网站成2排，每排3人

网高2.24～2.43米

当后排球员在发球区发球时，比赛开始

为了进行上手发球，在击球前需要先将球抛到空中

在击球过网之前，允许每一方进行三次触球。扣球时，将球击向对方一侧

排球中会使用许多种击球技巧，比如双手垫球

有益于：
腿部力量
灵活性
手臂力量
反应速度
协调能力

美式橄榄球

30秒大揭秘

美国最受欢迎的运动出现在19世纪末。那个时候，英式橄榄球和足球从伦敦传播到美国和其他国家。在美国，一个叫作沃尔特·坎普的英式橄榄球教练制定了第一套规则，将英式橄榄球变成了美式橄榄球。

在美式橄榄球中，每一队的目标都是将球放到对方端区的地上，并且防守他们自己的端区。比赛是由一系列的短距离前进构成的，这些短距离前进也叫作“档”，持球一队在一“档”中需要试着在对方拿到球之前带球推进9.1米（10码）。每次达阵或踢球入门都会得分，而得分较多的一队获胜。

每一年，在美国职业橄榄球大联盟中取得前两名的队伍都会在超级碗决赛中进行较量。这场比赛会被电视转播到200个国家，全世界的观众估计有大约10亿人。

女子美式橄榄球使用一个更轻更小的球。萨米·格里塞弗曾在2010和2013年为美国女子橄榄球队赢得世界冠军，她同时也是一名演员和歌手！世界著名的四分卫乔·蒙塔纳保持着122次无拦截传球的超级碗纪录。

乔·蒙塔纳

3秒钟总结

美式橄榄球发源于英式橄榄球，并且成为美国最受欢迎的运动。

3分钟任务

举重

美式橄榄球中男运动员穿着的防护服里面塞着护垫，重达9千克。来看看其一半重量加在你身上会是怎样的感觉！

你需要：一袋4.5千克包装的食品、2个结实的袋子

上下两次楼梯。然后将包装食品平均分到两个袋子里。现在再提着这两个袋子上下两次楼梯。

在美式橄榄球中，两队在短暂的、被称为“档”的时间段里争夺球权，能把球向前推进9.1米的一方将在下一档继续持球进攻

60分钟

每队11名队员

1名主裁判

1名副裁判
1名主司线裁判
4名司线裁判

110米长的球场被线分割成数段9.1米长的区域

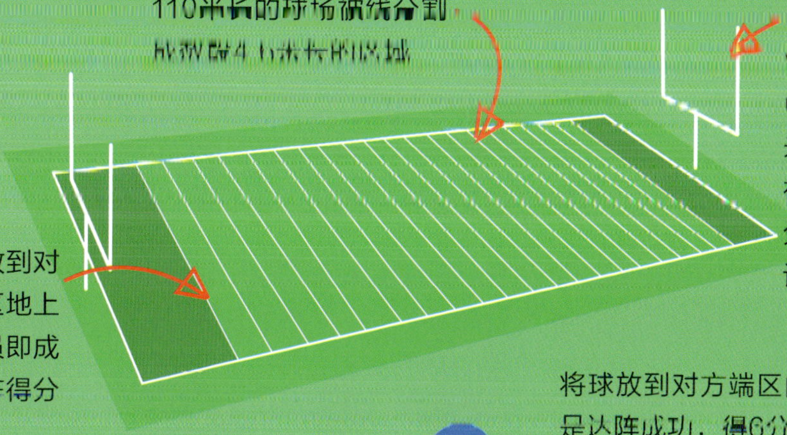

将球踢到门柱中间且飞过3米高横木上方被称为射门得分，射门得分计3分

将球放到对方端区地上的球员即成功达阵得分

将球放到对方端区的地上就是达阵成功，得6分

比赛开始时，一个队伍大力将球踢到另一个队伍那边的场地里

队友们利用传球或者持球跑动来向前运球

有益于：
力量
速度
敏捷性
心理稳定性
协调能力

球棍类团体运动

除了用手或用脚，一些团队球类运动也涉及一些器械（比如一根短棍），这些器械的用途是在与对手的对抗中传球和得分。就像现代的大部分运动一样，现在我们看到的这些受欢迎的球棍类运动——板球、棒球和曲棍球都是从世界各地更原始的球棍类运动发展而来的。

板球

30秒大揭秘

专家们认为板球一开始是中世纪英格兰的儿童运动。一根棍子或者农具就是球棒，而球就是木块或者一团羊毛。后来到了17世纪，成年人也开始参与这项运动；在18世纪的时候，板球已经成为一项有组织的团体运动。

在现代比赛中，每一方队伍各打一局，在一局里，一个队伍里的运动员用球棒击球，而另一方接球。击球手要通过击球来阻止球碰到他身后的三柱门。得分的方式包括：从一个三柱门跑到另一个三柱门，或者把球击出场地外。每名投球手投六次球——这称为一个回合，然后球被交给另一个投球手，他会在球道的另一面继续投球。在每方进行完一到两局比赛之后，得分多的一队赢得比赛。

板球在19世纪成为一项全球性的运动。在1877年的第一场测试赛中（测试赛是板球的一种特殊赛制，两队需要打满5天，此外板球还有许多赛制，包括单日国际赛等），英格兰队对战澳大利亚队，这场比赛持续了5天。

女子国际板球赛事从1934年英格兰队对战澳大利亚队的比赛发展而来。现如今最著名的女子板球锦标赛是由单日比赛组成的世界杯系列赛。顶尖的女子板球运动员包括克莱尔·泰勒，她被称为是女子板球运动中最伟大的击球手。在男子板球中，西印度群岛的运动员加菲尔德·索贝尔斯被认为是这项运动最伟大的全能手。

克莱尔·泰勒

3秒钟总结

板球从一种中世纪的儿童运动成为一项世界顶尖运动。

小知识

灰烬杯板球赛

当英格兰在1882年输给澳大利亚队之后，人们开玩笑说这代表了英国板球的死亡。英格兰队在下一次对战中赢了澳大利亚队之后，三柱门上一根横木的灰烬被赠送给了英格兰队队长。从此，在英格兰队与澳大利亚队之间的测试赛都叫作灰烬杯板球赛。

在板球比赛中，两队交替投球，另一方则需要在球碰到三柱门前将球击出

每队有11名球员

2－3名裁判

每个队伍各击球一局，而一局的结束需要回合数达到特定值（不同赛制有所不同）或者（攻方）所有队员都出局

防守队的站位是各自不同的，而站位由队长来选择

两个击球手，分别位于球道两端

投快球的投球手能够在投出速度达到161千米/时的球之后跑到三柱门前

- 击球手需要选取防守三柱门的最佳位置，并且击球得分

有益于：
力量
平衡
预判
反应
协调能力

棒球

30秒大揭秘

棒球发源于美国，起源于欧洲的球棍类运动。在19世纪中叶，这项运动在美国备受欢迎以至于被美国媒体称为国球。

在一局比赛中，进攻方（击球和跑垒）和防守方（投球和防守）会相互转换。击球方的运动员会站在本垒上，面对着把球从投手丘上投出的投手。为了跑垒得分，击球手必须要在垒包之间跑一圈，最后回到本垒。当进攻方有三名击球手出局，则结束当前的半局，两队交换攻守角色。

美国的棒球队在两个联盟中进行比赛：职业棒球大联盟和美国联盟。每一年，最好的球队将会在一系列季后赛中对决，以争夺世界系列赛的冠军。棒球在日本、古巴和加拿大也很受欢迎，而且棒球将在2020年重新成为奥运会的比赛项目。

乔·狄马乔曾为纽约洋基队效力。他以“连续安打”著称，他当时在连续56场比赛中击出安打并抵达一垒。多瑞斯·萨姆斯是全美女子职业棒球联盟历史上最伟大的球员之一。

乔·狄马乔

3秒钟总结

棒球来源于更古老的球棍类运动，是美国最受喜爱的运动。

小知识

棒球手套

防守球员戴的手套根据不同的场上位置有着不同的设计。捕手佩戴的是大的无指手套或连指手套，它是用皮革制造的，宽约33厘米。为了使接球更容易，他们的手套是不分指的。投手投球的时候瞄准的就是手套。如果投手的3次投球在合法区域内，并且被捕手接到，击球员就会出局。

棒球比赛是不计时的，双方在击球和接球间轮换两次即完成一局，每场棒球比赛有9局

每队有9名球员

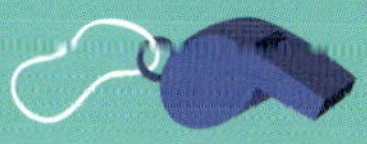

1名主裁判

1~5名助理裁判

当击球手击球后，他们会跑垒。防守队员必须要接到这个球或者把球扔到垒上使击球手出局

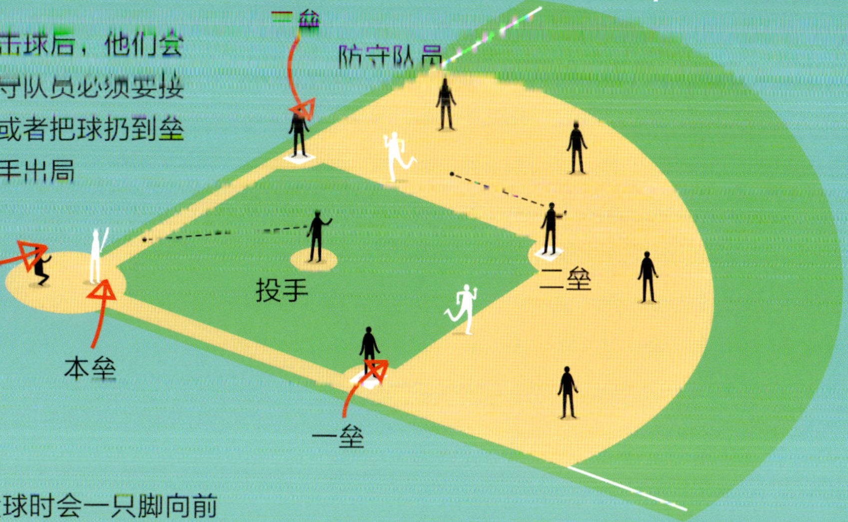

投手投球时会一只脚向前蹬地使投球更加有力，投球以捕手的手套为目标

击球手有三次击球机会

为了使接球更加容易，捕手会戴上一只无指手套

有益于：
速度
力量
反应能力
协调能力

曲棍球和冰球

30秒大揭秘

用曲棍去击球的运动可以追溯到数千年以前。世界各地的人们玩着各种各样曲棍球式的运动。一项在爱尔兰进行的运动——爱尔兰式曲棍球在15世纪因为太过危险而被禁止了。

现代的曲棍球始于英国，一些学校里率先开展了这项运动。1876年，参照足球规则制定了正式的曲棍球运动规则。曲棍球在英军中很流行并且迅速传播到了大英帝国（即英国的各殖民地）和全世界。大约在同时，冰球在加拿大发展起来，现如今成为加拿大国家级的冬季运动。

冰球是曲棍球的变种。两个队伍的各6名运动员在冰场上击打一个代替球的黑色小圆片。冰球的动作迅猛而激烈，冰球从球场周围挡板上弹回的速度可以达到160千米/时，而且运动员们还身着很重的护具。冰球中可以利用身体阻截战术（也就是将对手推到挡板上）来阻止对手的前进。

加拿大运动员韦恩·格瑞斯基被称为是世界上最伟大的冰球运动员。他是北美冰球联盟历史上的头号得分手。凯特·理查德森－沃尔什在英格兰和英国曲棍球队（在很多运动项目中，英国以英格兰、苏格兰、爱尔兰、北爱尔兰四支队伍出赛，但奥运会上则会统一组队）出赛375场，并且带领英国队在2016年奥运会上赢得金牌。

凯特·理查德森－沃尔什

3秒钟总结

曲棍球和冰球从简单的球棍类运动发展而来，现在这两项运动都成为国际性运动。

3分钟任务

冰冻弹性

冰球在冰球比赛开始之前是冰冻的，目的是为了防止它的弹性过强。你可以使用四个网球来看看温度是怎样影响弹性的。把一个球放到冷冻柜里，第二个放进冰箱，第三个放到温暖的地方，最后一个放到很热的地方——太阳底下或者散热器的顶部。在一两个小时后，把球都拿出来扔一扔，比较它们回弹的高度。

曲棍球运动与足球类似，每方有11名运动员。冰球是一项室内运动，每队有6名球员

60分钟

每队11名运动员

2名裁判

只有棍子的扁侧可用于传球、运球和击打小而坚硬的比赛用球

国际赛事一般在人造草坪球场上进行，这种球场的球速比自然草坪更快

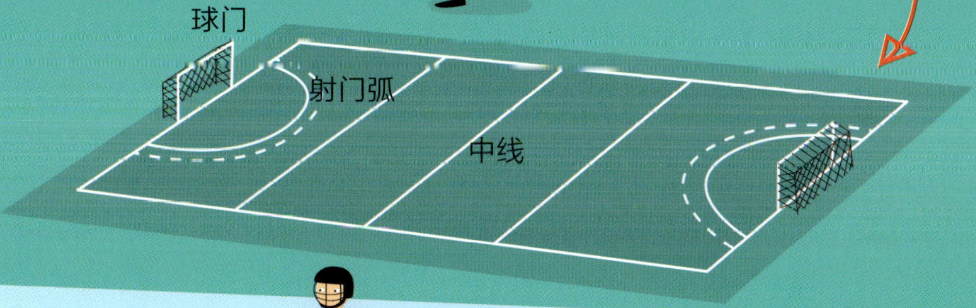

在快节奏的冰球比赛中，运动员身着冰刀和沉重的护具。他们击打的不是球，而是一片有弹性的橡皮圆盘

有益于：
灵活性
上下肢力量
速度
有氧机能

个人体育项目

并不是所有运动都需要一队运动员。在个人体育项目中，运动员们互相比拼。这些个人体育项目需要不同的身体技术或脑力技巧。一些运动，比如赛车，它们需要复杂的装备，而另一些运动，比如田径运动，就是相对简单的较量速度、力量和灵活性的比赛。

盛装舞步和场地障碍赛

30秒大揭秘

数千年以来，人类和马有着很紧密的关系。马被用在战争中，马术也是古希腊奥运会的比赛项目。这些项目包括战车竞速，这一项目可以测试马的耐力和速度；还有盛装舞步，可以显示出马匹的训练水平。

现代盛装舞步起源于1572年奥地利维也纳的西班牙骑术学校的一套训练体系。它自1912年起成为一项奥运会比赛项目，但是1952年之前，只有军官才可参赛。如今，盛装舞步是奥运会中发展最快的项目之一。场地障碍赛从猎狐发展而来，当时英国的乡村第一次被篱笆和栅栏分割开。它第一次进入奥运会是在1900年。

世界上最好的骑手和马匹会在每年一度的世界杯中进行对决，此外还有每四年举行一次的世界马术大赛。新西兰的场地障碍赛选手马克·托德曾参加过七届奥运会并获得冠军。英国的盛装舞步运动员夏洛特·杜雅尔丹在她的搭档华伦哥背上赢得过三枚奥运会金牌。他们使这项运动越来越受到人们的欢迎。

马克·托德

3秒钟总结

马术项目（比如盛装舞步和场地障碍赛）都建立在骑手与马的相互信任之上。

3分钟任务

跳跃测试

试试三种不同的起跳姿势，看看你的肌肉和四肢如何帮助你跳得更远。

起跳姿势1. 手臂放在你身体两侧并屈膝——起跳！

起跳姿势2. 手臂放在你身体两侧，站直。然后再屈膝——起跳！

起跳姿势3. 手臂放在你身体两侧，站直。屈膝并摆动手臂——起跳！

像盛装舞步和场地障碍赛这样的项目都需要骑手和马匹有着良好的伙伴关系

像跳舞一样的盛装舞步比赛，所有动作都是非常流畅和精准的，马匹和骑手都要表现得十分潇洒

场地障碍赛需要有很好的上半身和腿部力量。马匹和骑手的目标是在规定时间内无犯规地跑完一圈

场地中的障碍物大小各有不同，它们被摆放到特定的位置上，这样马匹就不得不一直进行变向

有益于：
腿部力量
上半身力量
平衡能力
灵活性
专注力

游泳和跳水

30秒大揭秘

游泳是1896年第一届现代奥运会的比赛项目之一。但是游泳比赛在此前几乎一百年就开始了，当时最流行的游泳姿势是蛙泳。

在1844年的伦敦，在一场游泳比赛中2名美洲原住民用自由泳打败了两名英国人。虽然这种泳姿明显更快，但英国选手拒绝放弃蛙泳！在19世纪末，自由泳的手臂姿势和蛙泳的剪刀式踩水姿势变得很流行。后来腿部上下浅打水的姿势取代了剪刀式踩水姿势，现代自由泳就这样诞生。在科学家于20世纪30年代证明了蛙泳的低效率后，蝶泳和仰泳也发展起来，这四种泳姿现在被用在全世界的游泳比赛中。

跳水运动起源于体操运动。男子跳水在1904年成为奥运会项目，女子跳水则在1912年进入奥运会。参赛者从3米高的跳板上或者10米高的坚固平台上跳下。在双人跳水中，两个跳水者的动作要保持同步。

美国游泳运动员迈克尔·菲尔普斯曾经获得过23枚奥运会金牌。中国的郭晶晶是世界上最成功的跳水运动员之一。她从6岁开始跳水，获得过6枚奥运会金牌。

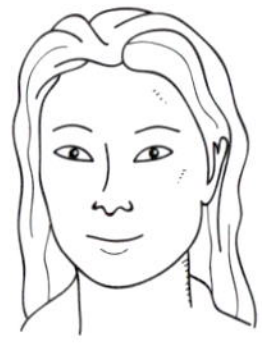

郭晶晶

3秒钟总结

自由泳是四种竞赛用泳姿中最快的。跳水是水上体操运动。

3分钟任务

浮力测试

游泳者能够漂浮是因为他们身体的重量小于水的浮力，而且他们的肺部充满空气。但是他们身边一些比水密度大的物体就会下沉。

你需要：两个橘子——一个完整的，一个剥开的；还有一壶水

将这两个橘子放到水里，剥开的橘子会沉到完整的橘子下面。没剥皮的橘子的皮里面的空气使它的密度要小一些，所以它能浮得更高。

游泳比赛测试的是短或长距离的游泳速度，
而跳水测试的是灵活技术

自由泳是四种比赛泳姿中最快的

脸冲下的姿势使胳膊可以更自由地运动

在空气中胳膊移动得比在水中快

交替由两条手臂向前滚动推进，比同时使用两个胳膊更省力

蛙泳是四种比赛泳姿中最慢的

蛙泳是效率最低下的，因为手臂的运动都在水下

蝶泳是一种像鱼的泳姿，两个手臂都会抬离水面

在仰泳中主要靠胳膊运动

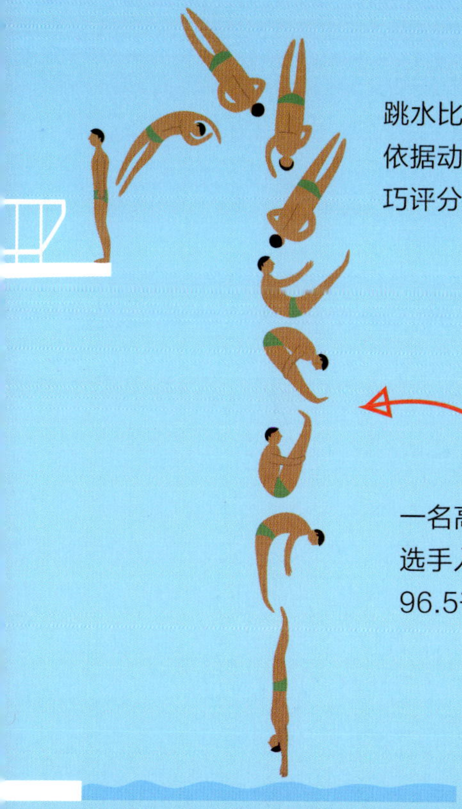

跳水比赛中，裁判依据动作难度和技巧评分

一名高水平的跳水选手入水速度可达96.5千米/时

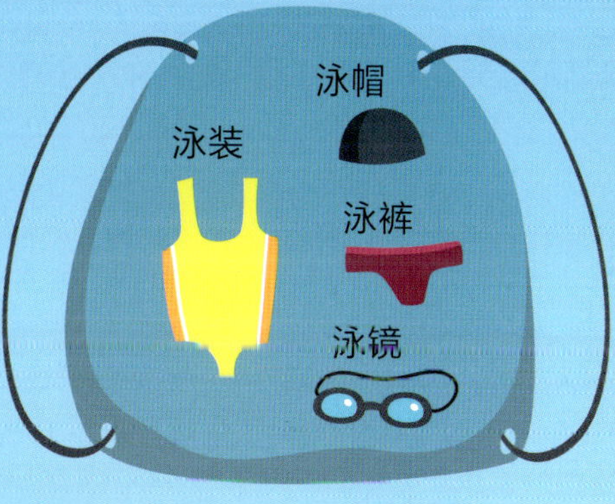

有益于：
有氧机能
力量
灵活性
速度
心理稳定性

田径

30秒大揭秘

被统称为田径运动的一系列的跑步、投掷和跳跃运动都受到了古代奥林匹克运动场中所举办的竞走和投掷竞赛的启迪。我们现在所知道的田径比赛是在20世纪早期发展起来的。

田径一共有24个小项：径赛项目是各种跑步运动；田赛项目包括四个跳跃项目和四个投掷运动。除此以外，还有女子七项全能和男子十项全能。唯一一种不在跑道上进行的跑步运动就是长达42.195千米的马拉松比赛。

最好的运动员会在世界各地的定期比赛中比拼。最初，大部分田径运动员都是男性。在1928年，95名女性运动员第一次在夏季奥运会上的五个项目中进行比赛。在2016年夏季奥运会中，大约有1 000名女性田径运动员参加超过20个小项的比赛。

美国黑人运动员杰西·欧文斯是第一位在一届奥运会中获得四枚金牌的运动员，当时是1936年的柏林奥运会。2000年，澳大利亚400米运动员凯西·弗里曼成为奥运会冠军。她是第一位获得奥运会金牌的澳洲原住民。

杰西·欧文斯

3分钟任务

跳绳吧！

运动员们每天都会训练，跳绳通常是日常训练的一部分。这种有氧运动可以提高：

协调能力 骨密度 平衡能力 呼吸功能 肌肉力量 敏捷性 反应能力 耐力 记忆力

和一个朋友一起来试试跳绳吧。彼此给对方计时——每分钟你能跳多少下？

3秒钟总结

田径比赛有24个小项，包括跑步、跳跃和投掷运动。

在一条椭圆形跑道上进行的跑步、跳跃和投掷项目统称田径运动

撑竿跳高运动员有三次试跳的机会。如果他们成功跳过的话，横杆会被升高到下一个高度

一根标枪最多有2.8米长，投掷者握住标枪并从肩上掷出。投掷者在掷出前先进行助跑

大部分的跑步比赛都在400米的椭圆形跑道上进行。田赛在跑道里边或旁边进行

有益于：
速度
力量
耐力
心理承受力
灵活性

体操

30秒大揭秘

古希腊人相信，健康和锻炼对于每个人来说都很重要。男性赤身裸体在一片开阔地上进行锻炼，这个地方就叫作体育场，这个词也是“体操”一词的起源。

男子体操是1896年第一届现代奥运会的比赛项目之一，但是女子体操直到1936年才进入奥运会。六项男子项目主要关注于力量和灵活性，而女子体操的四项运动则主要突出技巧和技术。

国际比赛由国际体操联合会组织，而且每个项目都有定期的世界锦标赛。体操运动员的训练非常艰苦，经常在泡沫填充的垫上练习以避免受伤。在一场比赛中，一组裁判根据运动员的表现进行打分，最高10分*。每项比赛都有一名冠军得主，总成绩最高的体操运动员最终获得全能冠军。

日本体操运动员内村航平以难度极高的一套动作闻名。他获得过19枚奥运会和世锦赛的金牌和银牌。在1972年，年仅17岁的苏联体操运动员奥尔加·科尔布特的技巧和技术（包括平衡木上的后空翻）让体操运动成为一项在全球备受欢迎的体育运动。

奥尔加·科尔布特

3秒钟总结

体操将力量、灵活性和高超技艺结合起来。

3分钟任务

平衡挑战

你需要：一片空地、一个计时器和一个朋友

1. 用一条腿站立并将双臂在身体两侧伸展开，让你的朋友帮你计时，看你能保持多长时间的平衡；
2. 现在闭上眼睛再尝试一遍，比较这两次的时长。

我们的眼睛帮助我们做些小动作来保持平衡。这就是闭上眼睛保持平衡会比睁眼保持平衡更困难的原因。

*根据现行规则，打分规则更趋复杂，最高得分不止10分。——编者注

体操运动员需要结合杂技技巧、优美的动作与身体的力量和灵活性，男子和女子有不同的比赛项目

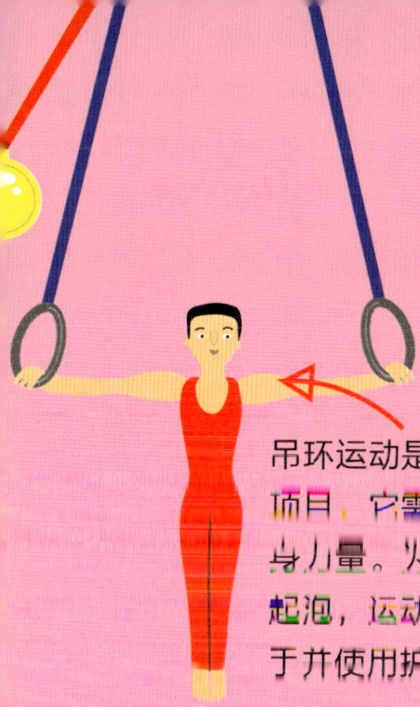

吊环运动是专属于男子的项目，它需要极强的上半身力量。为了防止手上磨起泡，运动员们用镁粉擦手并使用护掌

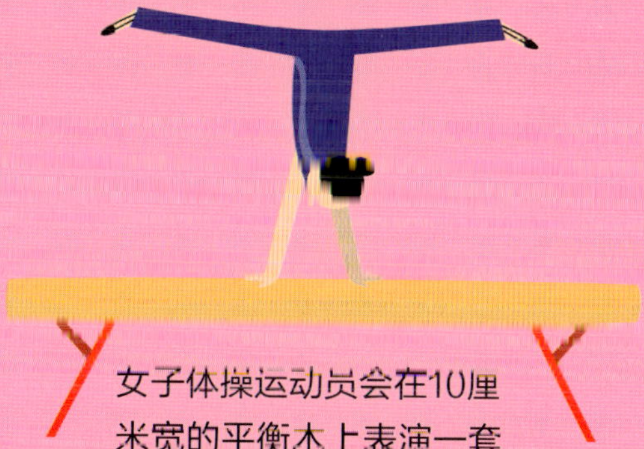

女子体操运动员会在10厘米宽的平衡木上表演一套包括扭转、倒立和平衡姿势的动作编排

在鞍马动作中，运动员要把他的脚尖和腿都绷直

在跳马中，体操运动员先从跳板跳起，然后把手先撑到跳马上

体操服的设计是为了确保做动作时的舒适性，并使动作能够获得最大程度的自由

有益于：
- 平衡能力
- 灵活性
- 上半身力量
- 下半身力量
- 敏捷性

自行车

30秒大揭秘

在自行车于1817年在德国发明后，这种两轮车运动就起源了。第一场有记录的自行车比赛发生在1878年的法国巴黎。参赛者们用实心橡胶轮胎骑行了1 200米！

现如今自行车运动是个受欢迎的运动，人人都可参与。自行车运动有很多选择：自行车公路赛、自行车场地赛、山地自行车、小轮车、越野赛和自行车障碍赛，每一种赛事都有其独特的场地，需要特定种类的自行车，也对骑手有着不同的要求。

公路和场地自行车赛、小轮车和越野自行车赛都是奥运会项目。为了在这些项目上取得最好的成绩，骑手的身体素质和技术要与高科技材料和装备结合。骑手和科学家经常会在风洞中寻找最快的骑行姿势，测试新型自行车框架，或者评估最安全最符合空气动力学的头盔。

英国公路赛车手克里斯·弗鲁姆是世界上最成功的自行车车手之一。在2017年，他第四次赢得了著名的环法自行车赛冠军。另一位顶尖的自行车车手，劳拉·肯尼曾12次赢得世界冠军并获得过4枚奥运会金牌。她是奥运会历史上最成功的女子自行车场地赛选手。

克里斯·弗鲁姆

3秒钟总结

一共有6种不同的自行车项目。新科技帮助自行车车手不断去创造新纪录。

小知识

黄色领骑衫

环法自行车赛中的自行车车手会面临四种不同类型的比赛。在每个赛段结束后，领先的车手们会得到一件有颜色的运动衫作为奖励：

黄色——由总成绩领先者穿着
绿色——奖励给最好的冲刺选手
红点——给山地爬坡表现最好的选手穿着
白色——奖励给25岁以下选手中最快的车手

自行车运动使用不同类型的自行车在不同的场地上进行

一个低风阻的骑行姿势有助于骑手沿倾斜的自行车轨道高速移动

自行车公路赛需要高耐力。最著名的公路赛——环法自行车赛会持续3个星期

自行车头盔的设计既考虑安全又要考虑空气动力学

山地骑行需要一辆更坚固更重的自行车，以应对崎岖的地形

小轮车骑手需要更好的上半身和腿部力量来承受跳跃和落地动作带来的冲击

有益于：
力量
平衡能力
预判能力
反应能力
协调能力

赛车

30秒大揭秘

赛车运动始于19世纪末，当时汽车刚被发明出来不久。大多数早期赛车比赛考验更多的是可靠性而非速度。第一辆专门为比赛而制造的赛车出现在20世纪二三十年代。现如今，各式各样的赛车在各式各样的赛事中进行比拼。

单座赛车比赛非常刺激，同时也非常危险。这种赛车的轮胎裸露在车身之外，驾驶员坐在一个开放式的驾驶舱里，赛道也是专门为高速行驶设计的。顶级的赛车比赛有F1方程式和印地方程式赛车，它们吸引了世界各地众多的观赏者。年轻的赛车手可以参加卡丁车比赛——一种有趣、更安全的单座赛车的环形赛。跑车也是为了高速行驶而设计的，但是这种车型的驾驶舱和轮胎都是封闭式的。每年一度的勒芒24小时赛是一项考验赛车和赛车手的耐力的比赛。这项比赛的开始和结束都在下午，因此需要三名一组的赛车手夜以继日地轮流进行比赛。改造后的公路汽车可以参加封闭式赛道或者越野赛道的巡回赛和汽车拉力赛。

巴西籍F1方程式赛车手埃尔顿·塞纳，赢得过三次世界冠军。他被誉为世界上最伟大的赛车手之一。美国选手丹妮卡·帕特里克被认为是在传统男性运动中拼搏的女性的标杆。她是第一位在印地方程式赛车系列赛中获得冠军的女赛车手。

丹妮卡·帕特里克

3秒钟总结

不同的赛车运动会使用专门设计或改造的赛车来进行比赛。

3分钟任务

反应测试

赛车手需要做出迅速的反应。试试这个实验。你需要：一把塑料尺和一个朋友

1. 用你的拇指和食指把塑料尺竖直地举到距离身体一臂远处。让你的朋友把他的拇指和食指分开放在尺子另一端的尽头，准备好捏尺子。

2. 松开塑料尺。记录尺子被捏住时下落的距离。交换角色再从头开始。

在赛车运动中，不同种类的汽车在比赛中比拼耐力和速度

汽车拉力赛车经过了改造，以更好地适应越野赛

在世界著名的勒芒24小时赛中，参赛者要夜以继日地参加24小时不间断的比赛

卡丁车是一种每个人都可以参与的低级场地赛

F1方程式赛车是一种最快的单座赛车比赛。赛车手坐在开放式的驾驶舱中，赛车之间距离极近

房车赛的比赛用车是由公路汽车改造来的，它们拥有封闭式的驾驶舱和轮胎

每一年都会有更先进的F1方程式赛车被设计出来。赛车设计师探索最先进的科技来设计更好、更轻的汽车材料，电脑辅助设计程序CAD则被用来设计具有更好空气动力学特性的车体造型

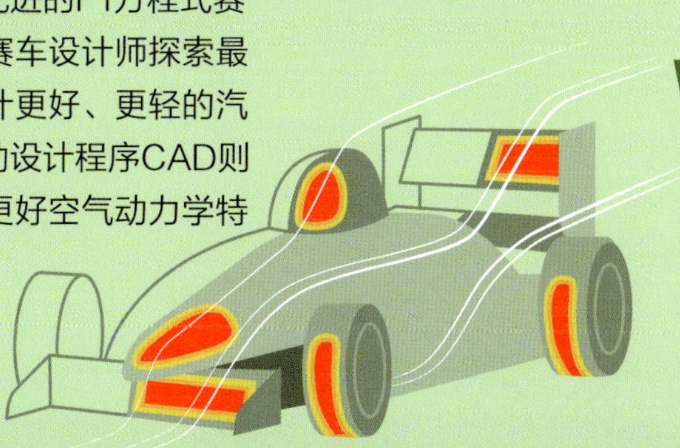

有益于：
反应力
脖颈力量
肩膀力量
专注力
核心稳定性

搏击

30秒大揭秘

很多古典奥运会项目，例如摔跤，都是由搏斗衍生出来的。在当时的比赛中，暴力是非常常见的，罗马角斗士经常在公开竞赛中搏斗至死。这类搏击运动通常会有非常严格的安全规定，并注重对手间的互相尊重。

摔跤、柔道、击剑、拳击及跆拳道都是现代奥运会的项目。虽然每一项运动的规则不尽相同，但是一般都是以拿到更多分数的那一方作为胜者。因为安全是最优先的考虑因素，裁判会密切地观察选手的一举一动来确保规则得到遵守。

大多数的搏击运动都在一个圆圈中或是一张大垫子上进行。对决双方要佩戴牙套和其他一些强制佩戴的护具，比如头盔。搏击运动在全世界范围内都非常流行，无论男女都可以积极参与其中。

美国重量级拳击手穆罕默德·阿里曾赢得过三次重量级世界冠军。他被认为是当代最杰出、最有影响力的拳击手。柔道选手马加林娜·柯门娣在2016年奥运会赢得了柔道金牌，她也是新独立的科索沃的第一位奖牌获得者。

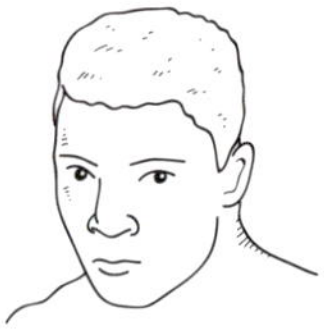

穆罕默德·阿里

3秒钟总结

现代搏击运动有着极为严格的安全规则制度。

小知识

马拉松拳击赛

世界上耗时最长的拳击比赛发生在1893年美国的新奥尔良。这场在安迪·博文与杰克·波克之间的比赛在被终止之前持续了长达7小时19分钟之久——或者111个3分钟的回合！可能也已很疲劳的裁判，认为这两名选手可能已经太过头晕目眩不能继续比赛了，所以他宣布了比赛以平局告终。

搏击运动一共分为三种：击打类、武器类和扭打类

跆拳道会运用快速跳跃和回旋

参赛者穿着白色的运动服和护具

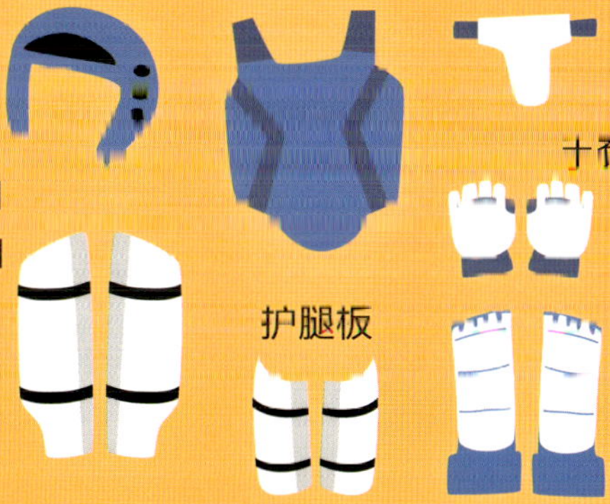

击剑运动由传统的剑士比武发展而来。选手击中对方可以获得分数

击剑选手穿着防刺的衣服和装备

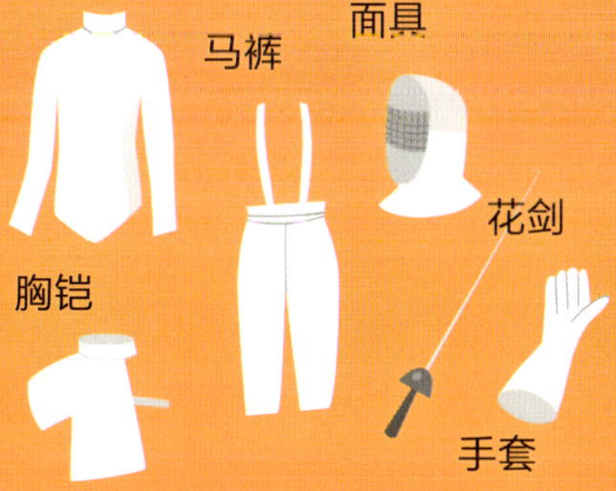

柔道比赛的目标是用正确的技术把对手扔出去或让对手背部着地以获得“一本”——意为获胜分

参赛选手身着宽松肥大的白色或者蓝色的比赛服，并扎着有颜色的腰带

有益于：
反应能力
协调能力
力量
平衡能力
灵活性

网球

30秒大揭秘

现代网球运动的前身是一项12世纪的游戏，它有点儿类似于手球。这项运动要用球拍来击球，它在法国宫廷中非常流行。现如今，仍然有人在玩所谓的皇家网球 。

现代网球运动的起因是一件园艺工具。1830年，一台机械割草机割出了一片草坪，从此草地网球诞生了。现代网球比赛可以是单打比赛（在两名选手之间进行）也可以是双打比赛（在两对选手之间进行）。网球比赛除了可以在草地上进行之外，还可以在红土或者室内的橡胶场地上进行。

要获得整场比赛的胜利，运动员必须一局一局地进行比赛。最先拿到四分的选手获得一局比赛的胜利（前提是必须领先对手2分或以上）。最先拿到6局胜利的一方获得一盘比赛的胜利（前提是必须领先对手2局或以上）。如果双方在一盘中各自赢得了6局，那么双方将进行决胜局（也叫抢七）的比拼——决胜局先得到7分并且领先对手2分的一方获胜。最先在三盘制比赛中赢得两盘或者在五盘制比赛中赢得三盘的一方获得整场比赛的胜利。

玛蒂娜·纳芙拉蒂诺娃在她30年辉煌的职业生涯中为美国出战，并赢得了破纪录的168次单打和79次双打冠军头衔。瑞士人罗杰·费德勒被认为是有史以来最杰出的男子网球运动员。他赢得了比任何人都多的男子单打大满贯冠军头衔。

玛蒂娜·纳芙拉蒂诺娃

3秒钟总结

网球运动起源于一种中世纪游戏，一台割草机让网球慢慢演变成为国际性的体育运动。

小知识

记分方法

无分数	0分	15	1分
30	2分	40	3分
一局结束	4分	平分	每方都得到4分

无分数起源于法语里面鸡蛋（l'oeuf）的意思——鸡蛋外形很像一个0。

网球运动员在室内或室外的两人单打比赛或四人双打比赛中进行较量

运动员正手击球的时候需要将整条手臂向后挥动，然后向前上方挥出一个圆弧，最后用球拍的中心来击球

网球场被分为很多区域

边线

落在球场边线或者底线外面的球是出界球

运动员在底线上发球

精准的反手击球更有难度，反手击球必须紧握球拍、步伐移动精确和用力地挥拍

有益于：
协调性
上肢力量
灵活性
敏捷性

高尔夫球

30秒大揭秘

现代高尔夫球运动起源于600年前的一项苏格兰游戏。当时这项游戏用小木棒把小石子在沙丘间和小路上打来打去。现在高尔夫球运动在全世界广受欢迎。

高尔夫球运动通常在一片共计18个球洞的广阔场地上进行。运动员们在场地中用一套球杆来击球，将球依序打进所有的球洞。场地拥有多种不同的地形，有平坦的球道，也有不平整的长草区和沙坑，还有球洞（直径10.8厘米）所在的果岭。

每个发球台到果岭之间的距离以及沙坑等障碍都不尽相同，所以每一洞都有一个分数，名为“标准杆数”。“标准杆数”是运动员们把球打进球洞的理想杆数。在打完全部18个球洞之后，所用的杆数最少者即为胜者。

男子和女子高尔夫球比赛每年加起来一共有9项顶级赛事，这9项顶级赛事叫作大满贯赛。著名的美国高尔夫球选手阿诺德·帕尔默在他漫长的职业生涯中一共赢得了7次大满贯赛的冠军。瑞士的安妮卡·索伦斯坦是最杰出的女高尔夫球选手之一。她赢得过超过90项比赛的冠军，其中包括4次大满贯赛的冠军。

阿诺德·帕尔默

3分钟任务

惯用眼

在很多体育运动中，用一只眼盯着球对竞技会有所帮助。用以下测试来找出哪只眼是你的惯用眼。首先让你的手背冲着脸，然后让你的两根拇指交叉成直角状态。之后两只手的手指搭在一起，摆出一个小三角。

穿过小三角形凝视一个物体。把这个物体放在三角的中心，然后闭上一只眼。如果这个物体消失了，就换用另一只眼去看。如果你可以看到这个物体，那么你就找到了你的惯用眼。

3秒钟总结

高尔夫球选手用不同类型的球杆在球场中以最少杆数将球打进全部18个球洞。

在高尔夫球运动中，运动员在有18个洞的场地里打球。胜者为用最少杆数把球打进全部18个球洞的人

地形的平坦与否会影响运动员的击球方式。把球打远需要一记强有力的挥杆

如果球落在了长草区或者沙坑中，运动员需要用角度向上的短高球把球打出去

高尔夫球运动会用到多种不同的球杆。重的木球杆可以打出长距离的球。角铁球杆可以打出短而精准的球。而轻质的推杆是用来把球轻轻地推进球洞的

用较少的杆数将球打进球洞需要一次精准的推杆

有益于：
协调能力
灵活性
核心稳定性
上肢力量
意志力
平衡性

☆ 小问题答案 ☆

第36页：奥运会小测试

早期现代奥运会不包括以下项目：单足蹦跳比赛、单脚平衡比赛、给贵宾犬剪毛比赛